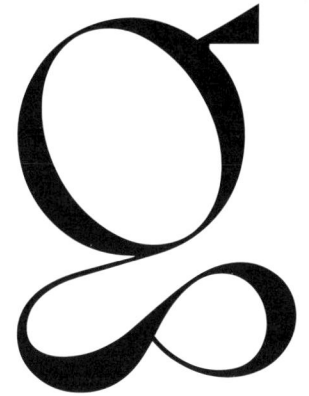

ISSUE 4

MAGAZINE G

다시 시작할 수 있을까?

CONTENTS

프롤로그   7

TENDENCY (SECTION 1)

· 그대, 패들링을 멈추지 말아요	사진에세이	안수향(사진작가)	12
· 나아가는 마음	그림에세이	휘리(그림작가)	20
· 장미들	에세이	김연덕(시인)	28
· 〈스트릿 우먼 파이터〉 댄서 선생님들께 보내는 감사의 편지	팬레터	오지은(뮤지션)	34

SURROUNDINGS (SECTION 2)

· 트랜스휴먼이라는 거울 속 우리의 미래	기술	최석현(과학학 연구자)	40
· '자연스러운' 변화의 시작	생태	김산하(야생영장류학자)	52
· 과거를 돌파해야 만날 수 있는 미래	건축	박정현(건축비평가)	64
· 끝을 모르는 욕망과 저당 잡힌 시작 : 부동산과 청년 주거	사회	마민지(영화감독)	70

INSPIRING (SECTION 3)

· 아무것도 지나가지 않는다	비평	조효원(서양인문학자)	78
· 잘됐네	희곡	김승일(시인)	88
· 다중 우주, 아니 다중 언어를 상상하라	언어	백승주(언어학자)	106
· [스트레인저 싱스] 기묘한 나와 더 기묘한 사회의 심리학 2 – 어린이와 어른의 경계	신경인류학	박한선(신경인류학자)	117

MECHANISM (SECTION 4)

· 메타버스, 새로운 현실의 시작	미디어	김대식(뇌과학자)	132
· 미루기의 심리학	심리	김경일(인지심리학자)	140
· 왜 우리는 과거를 반복하는가 : 체르노빌의 교훈	역사	우동현(과학기술사 연구자)	150
· 건강에 대한 새로운 상상 : 혼자의 건강에서 여럿의 건강으로	의학	홍종원(마을의사)	160
· 오랜 새로움 : 노포는 늙지 않는다	문화	서진영(작가) X 편집부	169

INNER SIDE (SECTION 5)

· 위기를 기회로 만들 수 있다면	칼럼	허휘수(N잡러)	174
· 상태가 형태	무용	김혜연(안무가)	182
· 자연은 말이 없다	미니병풍	이정화(서예가)	187

에필로그   190
컨트리뷰터   192

프롤로그

다시, 시작
김대식(뇌과학자)

1986년이었을까? 아니면 1987년? 어쨌든 매우 오래전 이야기입니다. 스테판 레믈러라는 독일 싱어송라이터가 독일과 오스트리아에서 잠깐 인기를 끌었던 적이 있습니다. 말도 안 되는 제목과 내용의 노래로 말입니다. 〈모든 것엔 끝이 하나지만, 오로지 소시지만 두 개의 끝을 가지고 있다(Alles hat ein Ende nur die Wurst hat zwei)〉라는 노래였습니다. 도대체 가수는 무슨 말을 하려던 것이었을까요. 하찮은 소시지 정도를 제외한 인생의 모든 것은 결국 끝이 있으니, 죽음과 파멸이라는 존재의 필연적 결말을 있는 그대로 받아들이라는 말이었을까요. 또 궁금해집니다. 인생의 모든 것이 결국 피할 수 없는 '끝'을 향해 간다면, 진정한 의미에서의 '새로움'과 '시작'은 과연 가능한 것일까요. 반대로 모든 변화와 시작이 종말과 끝의 씨앗을 품고 있다면, 종말도 역시 언제나 새로운 시작과 변화에 대한 희망을 상징하는 걸까요.

이번 호에는 '새로운 시작'과 '부단한 변화'라는 화두를 중심으로 다양한 사유와 감각을 담았습니다.

첫째 섹션인 TENDENCY에서는 시작 및 변화와 관련된 마음의 흐름들을 포착합니다. 사진작가 안수향은 이정표 없는 바다에서 느낀 막막함과 좌절감, 파도라는 한 사건의 경계를 넘으며 깨달은 통찰을 전합니다. 그림작가 휘리는 거창하거나 비장한 행복이 아닌 사소한 이야기로 새로워지는 마음들을 이야기합니다. 시인 김연덕은 지나간 자리와 그 흔적을 자신만의 방식과 속도로 보고, 느끼고, 기록한 내용을 나눕니다. 뮤지션 오지은은 자신에게 새로운 시작의 계기를 만들어준 〈스트릿 우먼 파이터〉 출연진에게 감사의 마음을 전합니다.

둘째 섹션인 SURROUNDINGS에서는 현재와 미래를 둘러싼 사회적 화두들을 고찰합니다. 과학학 연구자 최석현은 트랜스휴먼이 인간의 미래이기만 한 것이 아니라 현재 우리 모습을 되비추는 거울이라고 주장합니다. 야생영장류학자 김산하는 환경이 소위 트렌드가 된 지 오래임에도 미래 전망이 밝지 않은 까닭을 짚습니다. 건축비평가 박정현은 아파트 중심 건축의 오랜 폐해와, 공공적 미래 도시의 가능성을 알아봅니다. 영화감독 마민지는 자신이 살아가는 공간이 상상력을 제한할 수도, 확장시킬 수도 있다는 사실에 대해 이야기합니다.

셋째 섹션인 INSPIRING에서는 시작과 변화에 대해 다양한 관점과 형식으로 고찰하고 질문합니다. 서양인문학자

조효원은 지금의 세상이 나아지고 있다는 믿음을 정녕 포기해야 할지 사유합니다. 시인 김승일은 우리가 철저히 우리 안에서, 끝과 시작 사이에서, 우리 자신을 칭찬하는 목소리를 획득할 수 있을지 희곡을 통해 되묻습니다. 언어학자 백승주는 '단일 언어'와 '단일 민족'을 바탕으로 하는 우리의 자부심이 다중 언어 세계로의 변화에 어떻게 걸림돌이 되고 있는지 되짚습니다. 신경인류학자 박한선은 모든 아이가 지닌 변화무쌍한 변화의 잠재력을 생각해봅니다.

넷째 섹션인 MECHANISM에서는 시작의 동력과 변화의 조건들을 살펴봅니다. 뇌과학자 김대식은 우리 앞에 등장한 새롭고 거대한 하나의 현실, 곧 메타버스가 인간을 어떻게 바꾸어놓을지 질문합니다. 인지심리학자 김경일은 시작하기도 전에 하는 포기, 자포자기형 포기 등 미루기의 양상과 원인을 살펴봅니다. 과학기술사 연구자 우동현은 체르노빌 폭발 사고라는 전대미문의 사건을 반복하지 않기 위해 우리가 과거에서 어떤 교훈을 이끌어내야 할지 분석합니다. 마을의사 홍종원은 건강에 대한 우리의 상상력이 '혼자의 건강에서 여럿의 건강'에 가닿아야 하는 이유를 생생한 경험담을 바탕으로 이야기합니다. 작가 서진영과 편집부는 한결같고 익숙하되 매번 새로운 경험을 선사하는 오래된 가게들의 이야기를 들려줍니다.

다섯째 섹션인 INNER SIDE에서는 빠른 변화 탓에 미처 되돌아보지 못했던 지금 우리의 마음을 살펴봅니다. N잡러 작가 허휘수는 코로나19 이후 변화하는 사회적 가치를 생각하며 자신의 삶을 들여다봅니다. 무용가 김혜연은 눈의 시선, 손의 모양, 발걸음의 속도 등 우리 신체의 아주 작은 움직임에서 비롯하는 마음의 변화를 관찰합니다. 서예가 이정화는 매일매일의 급격한 변화 탓에 늘 번잡한 우리의 마음을 위로해줄 글귀를 미니병풍에 담았습니다.

변치 않는 사실이 하나 있습니다. 모든 것은 변한다는 사실입니다. 영원할 것만 같은 행복한 순간도, 출구가 도통 안 보이는 괴로운 시간도, 모두 변하게 마련입니다. 부단한 변화 속에서 쉼 없이 새로 시작하는 것. 잊고 살지만 우리 모두가 늘 하고 있는 일입니다. 유난히 긴 전 세계적 재난의 시대, 《매거진 G》는 '멈추지 않고 나아가려는 마음'을 묻습니다. 우리는 언제, 어떻게 시작할까. 시작의 계기는 어디에서 찾아올까. 그릇된 습관과 관행, 반복되는 실수에서 벗어나려면 어떻게 해야 할까. 무엇보다, 나는 내가 원하는 방향으로 변화할 수 있을까. '오늘의 익숙한 나'를 경유해 '내일의 새로운 나'와 가까워지는 방법을 묻고 답합니다.

이번 4호를 끝으로 《매거진 G》 시즌 1을 마칩니다. 나를 묻는 데서 출발한 네 번의 여정을 함께해주셔서 고맙습니다. 시작에 끝이 있듯 끝에도 시작이 담겨 있다고 믿으며, 다시 새롭게 만날 날을 바라겠습니다.

Illustration by JoAO

SECTION 1 / TENDENCY
· 그대, 패들링을 멈추지 말아요   사진에세이   안수향(사진작가)
· 나아가는 마음   그림에세이   휘리(그림작가)
· 장미들   에세이   김연덕(시인)
· 〈스트릿 우먼 파이터〉 댄서   팬레터   오지은(뮤지션)
  선생님들께 보내는 감사의 편지

그대, 패들링을
멈추지 말아요

We are going to reach line-up soon

QUESTION 1 사진에세이 안수환 사진작가

대부분의 운동이 0에 1을 더해 가는 일이라고
치면 서핑은 0에서 0.1로 겨우 갔다가 -3으로
굴러떨어지는 일 같다. 근데 그 0.1이 미치도록
좋아서, 고작 파도 하나 타려고 몇 시간 동안 물살을
버티곤 한다. 한동안 내 세계의 끝은 바다에 있었다.
넘으려는 나를 헤집고 집어던지면서. 이는 새벽 다섯
시에도 맑은 눈으로 살고자 바다에 함부로 몸을
던지던 시절에 관한 이야기.

  서핑은 선을 긋지 않는 스포츠다. 프로 서퍼가
아닌 이상 경쟁자도, 시간제한도 없다. 그저 파도를
만나거든 딛고 일어나기만 하면 된다. 하지만 서핑을
처음 시작할 때 가장 처음으로 맞닥뜨리게 되는 불안
역시 이 '선 없음'에 있기도 하다.

  처음 홀로 서핑을 하러 가던 날 알았다.
이정표 없는 바다의 막막함을. 어디쯤 가서 어떤
파도를 타야 하는지, 내 안에는 지도나 나침반처럼
지표가 될 만한 감각이 아직 없다. 눈치껏 바다에
들어간다. 그러다 마침 세게 부서지는 파도 하나를
얼빠진 표정으로 마주하는 것이다. 어디서든 바다
위에 길을 낼 수 있다고 생각했던 초보 서퍼의
자신감은 짠물을 먹으며 자꾸 고꾸라진다. 한 번, 또
한 번, 서퍼는 좌절한다.

  '라인업(line-up)'이라고 하는 서퍼들의 바다
위 출발점을 발견한 것은 조금 시간이 흐른 뒤였다.
파도는 바다의 전진하는 힘과 비례하여 버티는 땅의
힘이 만나는 곳에서 부서진다. '파도'라는 한 사건의
경계, 이는 파도 이전의 세계와 이후의 세계를
명확히 구분 짓는다. 파도가 처음 부서지기 시작하는
이곳 너머 파도 이전의 세계가 바로 서퍼들이
대기하는 지점인 라인업이다. 서핑을 위해 서퍼는
반드시 이 마지막 파도 하나를 넘어야만 한다.

그러나 부서지기 직전 파도의 에너지는 한 사람을 들어 내동댕이칠만한 힘이 있으므로, 이는 서퍼가 파도와 겨뤄 이길 때에만 넘을 수 있는 문이다. 처음 일 년 동안 나는 대부분 지는 쪽이었다.

    다대포에서 큰 파도 하나를 넘지 못해서 분했던 적이 있다. 다섯 시간 동안의 시도에도, 번번이 파도에 내동댕이쳐지면서 흐물거리는 손으로 서프보드를 다시 잡던 그때 나는 참 낱낱이 초라하고 무력했다. 눈 딱 감고 저기만 넘어가면 된다는 걸 머리로는 알고 있지만 오기만큼 자란 두려움과 뭍으로 향하려는 몸의 관성은 자꾸 뒷걸음질을 치게 했다. 스스로 밀려나기를 택했으면서 나아가고자 하는 나를 참 딱하다고 생각한다. 이것을 넘으려는 대신 변변찮은 파도만 타도 괜찮을 것이다. 하지만 오늘만큼은 제자리가 저기였으면 좋겠다고 생각한다. 딱 한 번만, 한 번만 넘어가자.

    나는 쏟아지는 파도의 속도로 먼저 몸을 들이밀었다. 숨을 꾹 참는다. 요동치는 경계, 패들링을 멈추지 마. 그리고 나아가. 계속, 계속. 꾹 참았다가 이내 터지는 숨, 먼저 너머에 닿는다. 버티는 힘이 나아가는 힘으로 바뀌던 찰나, 무사한가? 무사하다. 마침 지나가고 부서지는 파도 하나를 관망한다. 오늘 처음으로 웃고 있는 나를 알아차렸다.

    먼저 다다른 사람들의 얼굴이 보인다.

표정을 보니 당신들도
안녕하군요. 이제 우리에게
남은 건 마음에 드는 파도를
잡고 힘껏 나아가는 일뿐,
그땐 뒤돌아보지 않기로 해요.
파도와 함께 걷는 동안 마음껏
웃기로 해요. 그리고 다시
처음으로 돌아가더라도 다시
시작할 수 있다고, 우리 믿기로
해요. 저 파도만 넘으면 된다는
걸 이제는 잘 알고 있잖아요?

지금 이 글을 읽고 있는 그대는
지금 어떤 파도와 마주하고
있나요. 어떤 마음으로 세계의
끝에 서 있나요. 슬픈가요?
화가 나나요? 나는 비 오는
날에 서핑하기를 좋아해요.
내게 쏟아지는 것이 때때로
눈물이기도 하여. 무너진 것이
나이기도 하여. 바다에선
모든 게 분명하지 않아서 좋아요.

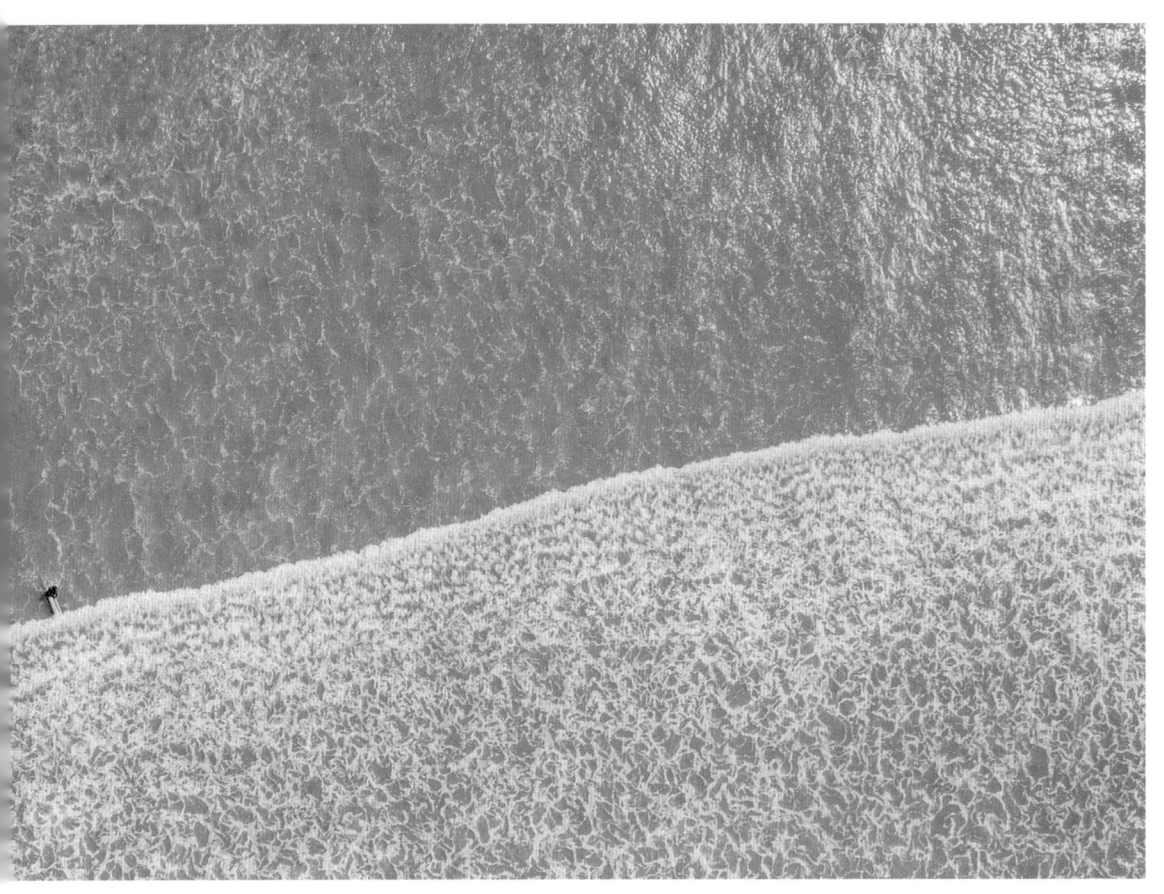

버텼던 마음은 다시 나아갈 수 있는 힘이 되기도 하고, 끝은 다시 시작이 될 수 있으므로. 나는 오늘도 바다에서 나이를 먹고도 울 수 있는 마음과 처음과 끝 사이를 오가는 길을 배웁니다.

그대, 패들링을 멈추지 말아요.
그리고 나아가요.
라인업이 곧 저기에 있어요.

휘리(그림작가) QUESTION 2
그림에세이

나아가는 마음
Flowing Mind

사소한 마음으로

만날 때마다 '잘 늙지 않아서' 놀라게 되는 사람들이 있다. 오랜 시간 보아도 얼굴이 거의 변하지 않는다. 피부과를 일 년에 몇 번씩 가는 일과도 거리가 멀어 보이는 그들은, 궁금한 것이 참 많고 자주 감탄한다. 나보다 아는 것이 훨씬 많은데도 내 작은 이야기를 듣고 싶어 한다. "그게 뭐예요? 알려줘요"라는 말도 많이 한다. 좋아하는 것에 대해 기쁜 표정과 적절한 단어로 이야기한다. 나는 그 사람들 덕에 얼굴에서 '눈빛'이 차지하는 비중이 참 크다는 걸 알게 되었다. 그들의 눈이 반짝거리는 바람에 다른 조건이 잘 안 보인다는 사실도.

궁금하면 사랑이라고 했다. 그러니 그토록 궁금한 것이 많은 사람은 사랑도 많은 게 틀림없다. 그 사랑이 때로 문학이나 음악, 동물과 자연을 말하는 순간에도 그 마음을 듣는 건 곁에 있는 사람이다. 호기심은 세상을 알고 싶게 만들고, 알게 된 것을 사랑하게 만드는 힘이 있다. 그래서 어떤 사람의 호기심은 쉽게 늙지 않고 내 마음마저 두근거리게 만든다. 비관하기 쉬운 세상에서 호기심을 잃지 않는 일은 이제 내 삶에서도 중요한 과제가 되었다.

이처럼 좋은 사람과 가까워지는 기분은 늘 설렌다. 내가 상대에게 어떤 가치가 있을지 알고 싶고 더 가까워지고 싶다. 그 과정에서 서로의 비밀이나 오랜 상처를 말할 때는 불쑥 가까워진 기분도 든다. 하지만 이 기분에는 경계가 필요하다고 생각한다. 자신을 드러내는 데 용기가 필요한 건 사실이지만,

TENDENCY

어떤 비밀이나 상처가 그의 전부가 될 수 없기 때문이다. 우리는 그보다 더 사소하고 더 일상적인 이야기가 필요할지도 모른다. 의식하지 않아도 즐거운 이야기가 주로 나올 때, 작은 일에도 웃음이 흐를 때 우리는 더 각별한 사이가 될 수 있다고 믿는다. 작고 사소해서 금세 사라지다가도, 작고 사소하기에 어디에서나 다시 생길 수 있는 이야기들이 우리를 연결해주고 있는 게 아닐까?

어떤 특별한 일도 없던 주말, 엄마와 사소한 일에 웃음이 터져 한참을 웃었다. 그리고 엄마는 내게 말했다. "내 인생에는 치유되기 어려울 것 같은 상처들이 많았거든. 근데 너를 키우고 또 같이 사는 동안 너무 많이 웃었더니, 그것들이 다 해지고 흩어지고 중화되어 아무것도 아니게 되었어. 정말 이제 아무것도 아니야." 아무래도 행복이란 거창하거나 비장하지 않은 모습인 것 같다. 그리고 내가 어떤 사람들과 함께여야 하는지는, 그날의 엄마 말 속에 다 들어 있었다.

나의 틈에는

틈을 견디기가 참 어렵다. 출퇴근하는 틈, 홀로 밥 먹는 틈, 잠드는 틈, 메시지를 보내고 답을 기다리는 틈, 이제는 넷플릭스 오프닝을 기다리는 틈마저 지루하다. 사람과 만나는 기회가 줄면서, 자연스레 홀로 견디는 시간이 늘어 그 틈은 내

생활의 많은 부분을 차지하게 되었다. 당연히 그 틈에는 대부분 휴대폰이 자리하고 있다. 잠시를 못 견디어 부산스럽게 구는 스스로가 마음에 들지 않는다. 그래서 요즘은 그사이를 제대로 메우는 일에 관심이 커졌다. 휴대폰을 대신할 것을 찾는다는 말이다. 나는 그것이 이불이나 모래를 닮은 것이라면 좋겠다고 생각한다.

  어릴 적에 매일 밤마다 하던 놀이가 있다. 거실과 방 곳곳에 이불을 띄엄띄엄 깔아놓고, 베개를 타고 헤엄치듯 다른 이불로 이동하는 것이다. 베개는 배가 되었으니 장판은 바다가 되는 놀이. 이불은 하나의 섬이 되어 나를 기다리고 있다. 섬에 다다라 잠시 쉬다가, 그 이불을 뒤집어쓰면 무적의 방패가 되었고 때로 내 상상력이 허락한 만큼 깊은 동굴로 갈 수도 있었다. 이불 하나로 할 수 있는 멋진 일이었다.

  지금도 어느 동네에 가나 놀이터를 관심 있게 살펴본다. 이제는 모래 놀이터가 많이 사라졌지만, 난 아직도 모래가 있는 기본적인 모습의 놀이터를 좋아한다. 모래와 나무와 쇠로 이루어진 작고 단순한 놀이터. 혹은 모래 위에서 알 수 없는 모양을 한 콘크리트 조형물도 좋다. 모래는 바다가 되었다가 이불이 되었다가, 잘 차린 밥도 되었다가 끝내 미로로 가득한 마을이 될 수 있었다.

  완성에 가까운 것이 주어질수록 우리의 시간은 자꾸 비어가고 어쩐지 더 심심해지는 것 같다. 내 시간의 틈을 메우는 것은 내 몫임에도 불구하고, 자꾸 다른 사람이 완성한 것을 빌리고 싶다. 이제는 아무것도 아닌 것이 갖고 싶다. 무엇도 될 수 없을 것 같았다가, 끝내 무엇이든 되는 것을 가지고 온종일 놀아보고 싶다. 이를테면 이불이나 모래처럼. 가볍지만 커다랗고, 작지만 무한한 것으로. 나의 틈을 견디는 것은 나여야 한다는 사실도 잊지 않고.

SECTION 1

QUESTION 3
에세이

장미들
The Roses

김연덕
시인

시집을 내고 두 차례 이별을 겪었다. 이 원고는 11월, 그러니까 완연한 겨울에 종이 지면에 인쇄되어 누군가에게 읽힐 것이지만 원고를 쓰고 있는 지금은 8월, 등 뒤의 사람들이 모두 가벼운 옷차림에 아름다운 바구니 같은 샌들을 신고 아이스커피를 마시고 있는 한여름이라는 것을 밝혀둔다(세 번째 계절이 찾아오기도 전에 두 사람과 헤어진 것이다). 나조차 조금 낯선 기분으로 원고를 다시 읽게 될 11월에는 나에게 또 어떤 만남과 헤어짐이 찾아오고 있을지, 혹은 어떤 순간들이 이미 팔딱이는 완료 시제로 남아 나를 슬프게 하거나 후련하게 하고 있을지, 지금으로선 알 수 없다. 최근에 겪은 헤어짐들의 크기와 성격과 모양을 미리 알 수 없었듯이. 먼저 겪거나 피해갈 수 없었듯이.

    어쨌든 출간 시기와 '헤어짐-만남-헤어짐'이 화산처럼 연달아 솟구치던 시기가 맞물렸던 상반기는 크게 피곤하고 행복하고 괴로웠는데, 그야말로 생생히 살아 있는 기분 속에 몇 달을 보냈다. 꿈처럼 이상한 격정기였고, 미래의 열정을 무리해 모두 끌어다 쓴 기분이었다. 그래서인지 사랑의 흔적도 첫 시집 출간의 열기도 어느 정도 사그라든 요즘, 무엇에도 열중하거나 쓸 수 없게 되어버린 소강상태가 크게 놀랍지는 않다. 내게 있어 가장 중요하고 아름답던 부분들이 속상한 면적으로 떨어져나간 것 같았지만, 동시에 찬란한 격정의 무대 위에서 내내 외면하고 있던 여러 물음들에 직면해야 할 순간, 응답해야 할 순간이 닥친 것 같기도 했다.

서촌에 이사 오고 몇 년간 좋아하던 장미 덤불길이 있다. 경복궁 영추문과 마주보고 선, 청와대로 향하기 직전 왼쪽으로 꺾어 들어가야 하던 길. 늦은 밤에 걸어도 이른 새벽같이 느껴지던 깨끗하고 좁고 조용한 길. 초입에는 흰 벽과 담장이 늘어서 있었고 5월 중순부터 이 길을 걷게 되면 누구든 걸음을 멈출 수밖에 없었는데, 담장 안쪽으로 이어지던 6~7미터 길이의 장미 덤불 때문이었다. 길다면 길고 짧다면 짧은, 조금은 뜬금없던 덤불길. 분홍, 주황, 빨강, 노랑, 하양, 각기 다른 색으로 끓어오르듯 피던 장미는 다른 곳의 장미들에 비해 크기가 컸고 향도 강해 무더기로 모여 있으면 거대한 조명이나 동물처럼 보이기도 했다. 산 채로 잡혀 시시각각 모습을 바꾸는 후회나 사랑 같기도 했다. 논리적으로는 설명할 수 없는 무서움, 아름다움에 매혹되었던 나는 이 장미 덤불을 시에도 소설에도 등장시켰다. 덤불 앞에 서서 어쩐지 멍하게 숨죽이게 되는 순간이 좋아 매년 5월을 기다리곤 했고, 5월과 6월을 제외한 때에 초록 잎들로만 가득한 담장 밑을 지나게 되면 '모르겠지만 이건 장미 덤불이야, 피면 굉장해져' 하고 동행에게 꼭 알려주곤 했다.

　　이 앞에 장미 덤불 전체를 가린 공사용 가벽이 세워진 것이 정확히 언제인지는 잘 모르겠다. 아마 올해 5월, 지금쯤 한창일 거라 예상하고 의기양양 누군가를 데리고 갔을 때였다. 실망하거나 기뻐하는 대신 나는 담장 높이를 한참 뛰어넘은 가벽과 맞닥뜨려야 했는데, 담장 안쪽으로 장미가 피었는지 아닌지조차 확인할 수 없었다. 당황스러웠지만 그때만 하더라도 내년 5월까지 기다려야겠다고만 생각했지, 덤불을 영영 보지 못하게 되리라고는

SECTION 1

QUESTION 3

에세이

장미들

김연덕(시인)

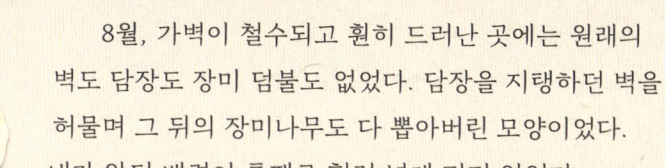

미처 생각지 못했다.
  8월, 가벽이 철수되고 훤히 드러난 곳에는 원래의 벽도 담장도 장미 덤불도 없었다. 담장을 지탱하던 벽을 허물며 그 뒤의 장미나무도 다 뽑아버린 모양이었다. 내가 알던 배경이 통째로 헐려 넓게 퍼져 있었다. 군데군데 공사 자재들과 자재들을 실은 리어카와 굴착기, 깊고 낮은 구멍들, 아무렇게나 불규칙하게 솟아오른 흙더미들이 보였는데 무덤 터를 파낸 듯 휑하고 음산했다. 좋게 봐준다고 쳐도 위성사진으로만 보았던 달이나 화성의 표면 같았다. 장미나무는 어떻게 되었을까. 다른 곳에 옮겨 심겼을까 영영 버려졌을까. 알 수 없지만 이제 '여기부터 저기까지 장미가 참 아름다웠어'라는 말들만 이 길에 남아 떠돌게 된 것이다. 오래 알던 사람과 헤어진 것처럼 슬펐다.
  덤불의 과거를 기억하는 사람들이 이 세상에서 모두 사라질 즈음엔, 여기에 장미가 있었다는 사실을 육체적으로, 감정적으로 기억하는 세계는 단 한 점도 남지 않은 채 투명하게 조용하게 사라지겠지. 이런 생각을 하면 달이나 화성에 가서 땅을 일구고 씨앗을 뿌리고 작물을 재배해 살게 될 미래보다 더 아득하고 비현실적이고 머나먼 미래가 떠오르는 것은 왜일까. 나의

TENDENCY

커다란 기쁨과 놀라움이었던 장미 터를 지나며 이리저리
파헤쳐진 공사 현장을 여러 장 찍었다.
코앞에서, 한 블록 떨어져, 아예 길 건너편에서. 쪼개져
아귀가 맞지 않는 장면들 같기도, 하나로 부드럽게 이어지는
장면 같기도 했다. 막대를 사이에 두고 팽팽히 흔들리는
테이프, 돌무더기, 흙더미, 행성처럼 환하게 빛나는 라바콘.
      한꺼번에 도굴된 어둠을 눈에 담는 동안 무더운
바람이 불었고 이 풍경과는 무관한 길고양이가 느릿느릿
건널목을 지났다. 건너편 서점의 불빛이 갑작스러운
쑥대밭을 인정하듯, 아니 처음부터 벽의 드라마틱한 변화는
안중에도 없었다는 듯 무심히 깜빡였다. 어쩌면 그 장미들을
너무 사랑해서, 긴 시간에 걸쳐 조금씩 나누어 줄 사랑을
다 끌어다 써버려서 이렇게 일찍 사라져버린 건지도 몰라.
미처 감당하지 못했던 시간과 열기를 간직한 장미들이
눈 닿지 않는 공중에서 서서히 식어가고 있는 중인지도
모르지. 그리고 나는 다른 장면 다른 건물이 들어서기 직전의
폐허를 한밤중 이렇게 똑똑히 지켜보고 있다. 부수고 파내고
세워지는 과정을 해부하듯 들여다보고 있다. 그러자
이상하고 미안하게도 자유롭다는 기분이
들었다. 어떤 마음을 준비할 새도 없이 모든
것이 사라졌지만, 풍성하게 흔들리던
장미를 어제 본 듯 구체적으로 기억하는
내가 텅 빈 슬픔에, 그립고 허전하다는
감각 속에 생생하게 존재한다. 돌이킬 수
없다는 어둡고 확실한 사실들이 부드러운
시간 속에 존재한다. 이곳에만 붙박여
있던 장미들이 미묘한
형태로 나뉘어 세계에도,
내 피부에도 몇 조각
스며들어온 것

SECTION 1

같다는 기분. 내 몸이 장미 덤불이라는 기억 자체가 되어 공중을 날아다니고 통과할 수 없는 나무들, 건물들 사이를 통과해 지나가고, 여러 명이 된 내가 장미 덤불이 필요한 곳곳을 지칠 때까지 걸어 다니다 동시에 주저앉아버리듯 가벼웠다.

     장미도 나의 연인들도 먼저 겪거나 피해갈 수 없었다. 애초에 보지 않고자 눈을 가릴 수도, 산뜻한 끝을 위해 시시각각 에너지를 조절할 수도 없었다. 다만 내가 할 수 있는 일은 모든 빛이 지나가버린 텅 빈 자리를 나만의 방식과 속도로 눈에 담는 것, 가까이서 멀리서 구멍들의 크기와 깊이와 감정들을 들여다보는 것, 장미의 잔상들을 장미와 상관없는 장소에서 무심코 발견하는 것, 기록하는 것. 아마 당분간은 6~7미터짜리 폐허를 지나고 싶지 않아 다른 길을 골라 다니겠지만, 서성이며 느린 충격으로 다가오던 이 이미지만은 오래 남을 것이다. 빈 터와 구멍들이 메워지고 완전히 새로운 건물이 들어서더라도, 아직은 정체를 알 수 없는 그 건물을 장미 덤불만큼 좋아하게 되더라도.

TENDENCY

QUESTION 4
팬레터

〈스트릿 우먼 파이터〉
댄서 선생님들께
보내는 감사의 편지

오지은(뮤지션)

안녕하세요. 저는 몇 주간 선생님들이 춤추는 모습을 보고 울고 웃던 수많은 사람 중 한 명입니다. 그간의 감사한 마음을 담아 편지를 씁니다.

저는 글을 쓰고 음악을 하는 사람입니다. 저에게는 하고 싶은 작업이 있고, 그에 대한 신념과 확신도 있지만, 예술의 세계는, 그리고 돈을 받고 자신의 작품을 파는 세계는 거기서 끝나지 않는다는 것도 알고 있습니다. 특히나 유행과 상관없는 작업을 하는 경우에는 생각이 많아지죠. 나는 내 작업을 할 뿐인데, 어떤 시대엔 그게 쿨하고 멋지다고 여겨지고, 어떤 시대엔 촌스러운 것이 되어버려요. 그러나저러나 제 것을 할 뿐이지만요.

그리고 선생님들의 춤을 보았습니다. 춤은 정말 대단한 세계인 것 같아요. 몸으로 말을 하잖아요. 그래서 거짓말이 불가능한 것 같습니다. 어떤 재능을 가지고 태어났는지, 어떤 고유의 기운을 가졌는지, 어떤 표현력이 있는지, 어떻게 리듬을 타는지, 얼마나 근육을 단련했는지, 얼마나 강하고 또 유연한지, 마지막으로 그 동작을 얼마나 연습했는지가 바로 보이니까요. 잔인하지만 그만큼 멋진 세계라고 생각했습니다. 그리고 더 멋진 부분은 모두가 다르다는 것이었습니다. 각 크루가 음악을 해석하는 방식, 그리고 각자가 춤을 추는 모습이 전부 달랐습니다. 모두가 멋지고 모두가 옳았어요.

저는 그게 보고 싶었는지도 몰라요. 오랜 시간 하나를 갈고 닦은 여성들이 솔직하게 자신의 색을 드러내고 자신의 매력을 보여주고 부딪히고 마지막에 서로에게 박수치는 모습. 그래서 그렇게 많이 울었나 봅니다. 하지만 선생님들도 많이 울던걸요. '누가 뭐래도 나는 내 길을 간다' 하는 눈매와 입매로 강인하게 춤을 추고, 쓰라린 평가에도 의연하게 고개를 끄덕이다가 "정말 멋있었습니다"라는 말을 들으면 허물어진 표정으로 펑펑 우는 모습을 보며 저도 같이 울었습니다. 누군가가 날 알아준다는 것은 무엇일까요. 그건 목표가 될 순 없지만, 그게 모든 것을 해결해주지도 않겠지만, 외롭고 힘든 길에 좋은 격려는 될 수 있을 겁니다. 심지어 여러분은 다른 사람이 멋진 춤을 췄을 때도 울던걸요. 아마도 그 뒤에 있는 고생을 누구보다 잘 이해하기 때문이겠죠.

　　　여러분이 서로를 대하는 방식 또한 감동적이었습니다. 우리는 모두 완벽한 인간이 아니죠. 하지만 완벽함을 요구받곤 합니다. 여성일 경우에는 더욱더 그렇습니다. 조금만 구멍이 있어도 "여자니까"라는 말을 들으니까요. 각 팀의 리더가 팀원과 소통하는 방식은 전부 달랐어요. 절대적 카리스마를 가진 사람도, 부드럽게 풀어나가는 사람도 있었습니다. 그리고 전부 옳았습니다. 왜냐하면 열려 있었으니까요. 여러분은 정말 쓸데없는 고집을 부리지 않더라고요. 몸으로 말하는 사람들이라서 그럴까요. 담백했습니다. 서로를 신뢰하는 모습은 부럽기까지 했어요.

　　　그리고 꼭 드리고 싶었던 말씀이 있습니다. 저는 직업으로 음악을 하고 있지만, 여러분의 춤을 보고 음악이 더 좋아졌어요. 무슨 뜻이냐면요, 그렇게 많이 좋아하지 않던 노래도 여러분이 몸으로 표현하는 순간 확 스며들었어요. 그 곡의 비트, 효과음, 멜로디, 가사, 에너지를 해석하고 춤으로 구현하는 모습을 보면서 여러분은 어쩌면 뮤지션들보다 음악을 더 사랑할지도 모르겠다는 생각이 들더라고요. 3분짜리 음악을 이렇게 깊게

Photo by roma kaiuk on Unsplash

연구하고 이해하고 표현하는 것은 사랑이 아닐까요. 1990년대 음악에 뿌리를 두고 있는 철 지난 뮤지션으로서, 자신의 이야기를 쓰는 에세이 작가로서, 여러분께 배운 가장 큰 것은 '버티면 반드시 보상받는 것은 아니지만, 버티는 건 정말 멋진 일'이라는 것. 그리고 '각자의 방식으로 모두 옳다는 것'이었습니다.

  지난주에는 댄스 클래스에 처음으로 가보았습니다. 1시간 동안 열심히 배웠는데 고작 20초 분량의 안무더라고요(다시 한번 여러분께 경외심을 느꼈습니다). 하지만 큰 소리로 음악을 듣고 몸을 움직이는 건 참 즐거웠습니다. 제게 새로운 시작을 만들어주셔서 감사합니다. 프로그램 이후에도 부디 부상 없이 마음껏 여러분의 멋짐을 보여주시길. 기쁜 마음으로 따라가며 즐기겠습니다.

팬 오지은 올림

QUESTION 4

편레터 〈스트릿 우먼 파이터〉 댄서 선생님들께 보내는 감사의 편지

오지은(뮤지션)

SECTION 2 / SURROUNDINGS

· 트랜스휴먼이라는 거울 속   기술   최석현(과학학 연구자)
  우리의 미래
· '자연스러운' 변화의 시작   생태   김산하(야생영장류학자)
· 과거를 돌파해야 만날 수 있는 미래   건축   박정현(건축비평가)
· 끝을 모르는 욕망과 저당 잡힌 시작 :   사회   마민지(영화감독)
  부동산과 청년 주거

Illustration by JoA©

ROU
ND
ING

SURROUNDS 2

QUESTION 5   기술

**최석현
과학학 연구자**

**트랜스휴먼이라는
거울 속 우리의 미래
Transhuman : the mirror of
our own future**

사람을 초월하겠다는 사람들

QUESTION 5

기술 트랜스휴먼이라는 거울 속 우리의 미래

최석희(과학철학 연구자)

Photo by Compare Fibre on Unsplash

"내 생각에, 나는 오랫동안 불편했던 것 같아." 부모님을 앞에 두고 딸이 고백한다. "태어났을 때부터 줄곧 나는 이 몸과 맞지 않는다고 생각했어. 조사를 좀 해봤는데, 아무래도 내가 트랜스인 것 같아." 부모님은 당황한 기색 없이 괜찮다며 딸을 위로한다. 네가 딸이 아닌 아들이라 해도 우리는 행복할 거라고. 하지만 딸의 생각은 다른 것 같다. "아니, 나는 트랜스섹슈얼이 아니야." 이제는 당황한 표정의 부모님에게, 딸은 자신의 정체성을 털어놓는다. "나는 트랜스섹슈얼이 아니라, 트랜스휴먼이야. …아까 내 몸이 불편하다고 말했잖아. 그래서 난 그걸 없애고 싶어. …나는 살덩이로 존재하고 싶지 않아." 여전히 어리둥절한 모습의 부모님에게, 딸은 자신이

SURROUNDINGS

무엇이 되고 싶은 것인지를 조금 더 구체적으로 설명해준다. 뇌를 다운로드해서 클라우드에 업로드하고, 몸은 흙으로 돌려보내고, 살덩이 대신 데이터 덩어리가 되어 "나는 영원히 살고 싶어." 물론 부모님은 이걸 영생이 아닌 자살로 여기고, 받아들이지 못한다. 가까운 미래를 배경으로 한 영국 드라마 〈이어즈&이어즈〉(2019)의 한 장면이다.

뇌 업로드는 이미 수많은 SF영화에서 수없이 다루어진 소재다. 하지만 〈이어즈&이어즈〉는 이 소재와 현실 사이의 틈을 파고들어 흥미로운 사고 실험을 제안한다. 현실에서 사람의 뇌를 업로드하는 것은 여전히 SF영화의 소재일 뿐이다. 많은 사람이 그렇게 생각한다. 아마 이 글을 읽고 있는 여러분도 대부분 그럴 것 같다. 드라마가 보여준 상상력은 흥미롭지만, 어쨌든 자기 정체성을 '트랜스휴먼'으로 규정하는 사람이 어디 있겠느냐고 말이다. 하지만 놀랍게도 지금 이 순간에도 수많은 사람이 살덩이이기를 포기하고 컴퓨터와 결합하기 위해 열심히 살아가고 있다. 그들은 스스로를 '트랜스휴먼주의자'라고 부른다. 트랜스휴먼이 되고 싶다는 뜻이다.

트랜스휴먼은 '초월하다'라는 뜻의 영어 단어 '트랜센드(transcend)'와 '사람'이라는 뜻의 '휴먼'을 합친 말이다. '트랜스휴먼주의'라는 용어를 처음 사용한 사람은 영국의 생물학자이자 우생학자였던 줄리언 헉슬리다. 그는 1950년대에 과학의 힘을 빌려 "인간은 인간으로 남되, 스스로를 초월하여, 인간 본성(human nature)의 새로운 가능성을 실현"할 수 있다는 세계관을 제시하고, 여기에 트랜스휴먼주의라는 이름을 붙였다.❶ 시간이 흐르며 많은 사람이 헉슬리의 사상을 따르기 시작했다. 마침내 1998년, 세계의 트랜스휴먼주의자들이 모여 "트랜스휴먼주의자 선언"을 공표하기에 이르렀다. 그들은 이렇게 선포했다. "미래 인류는 과학과 기술의 엄청난 영향을 받을

1.
Julian Huxley, "Transhumanism", *Journal of Humanistic Psychology*, Vol. 8, No. 1, 1968, p. 76.

것이다. 우리는 노화, 인지적 결함, 원치 않는 고통 그리고 행성 지구에의 얽매임을 극복함으로써 인간 잠재력을 드높일 가능성을 꿈꾼다." ❷

현실 속의 트랜스휴먼주의자들은 놀랍게도 자신이 '트랜스'라고 고백한 〈이어즈&이어즈〉의 딸과 거의 비슷한 이야기를 한다. 미국의 저널리스트 마크 오코널은 수많은 트랜스휴먼주의자들을 취재했는데, 그의 인터뷰 대상 중에는 자신의 몸에 직접 전자 칩을 심어 유명세를 얻은 팀 캐넌이라는 사람도 있었다. 캐넌은 오코널에게 이렇게 말했다. "트랜스젠더 아무나 붙잡고 물어보세요. 자신이 잘못된 몸에 얽매여 있다고 말할 겁니다. 하지만 제가 잘못된 몸에 얽매여 있는 것은 '몸'에 얽매여 있기 때문입니다. 모든 몸은 잘못된 몸입니다." ❸

마찬가지로 트랜스휴먼주의 관점에서 기술의 미래를 예측한 베스트셀러 《특이점이 온다》로 큰 명성을 얻은 공학자 겸 미래학자 레이 커즈와일 또한 자신의 몸에서 벗어날 순간만을 손꼽아 기다리고 있다. 1948년생인 그는 2045년이 되면 인간이 더 이상 죽지 않아도 되는 초월의 순간, 즉 '특이점(singularity)'이 도래할 것이라고 예언하고 있다. ❹ 《포브스》의 보도에 따르면, "커즈와일은 충분히 오래 살아서 그가 '특이점'이라고 부르는 순간까지 살 수 있도록 하루에 180개에서 250개가량의 알약을 복용한다." ❺

이런 이야기들을 듣다 보면 몇몇 괴짜들이 믿는 괴상한 사이비 종교 같다는 생각이 들 수도 있겠다. 하지만 놀랍게도 이름만 대면 모두가 알 법한 유명 인사들 중 상당수가 트랜스휴먼주의자로 알려져 있다. 특히 실리콘밸리에서 트랜스휴먼주의와 관련 없는 사람을 찾기는 하늘의 별 따기다. 구글의

2.
Humanity+, "Transhumanist Declaration", 2009, https://bit.ly/3c9A9mb.

3.
마크 오코널 저, 노승영 역, 《트랜스휴머니즘: 기술공상가, 억만장자, 괴짜가 만들어낼 테크노퓨처》, 문학동네, 2018년, 223~224쪽.

4.
레이 커즈와일 저, 김명남·장시형 역, 《특이점이 온다: 기술이 인간을 초월하는 순간》, 김영사, 2007년.

5.
Courtney Boyd Myers, "Two Hundred and Fifty Pills to Immortality", Forbes, 2009.05.26., https://bit.ly/3itsC2u.

세르게이 브린과 래리 페이지, 페이스북의 마크 저커버그, 아마존의 제프 베이조스, 테슬라의 일론 머스크와 같은 성공한 기업가들이 모두 트랜스휴먼주의자이거나 수명 연장, 뇌 업로드, 우주 정복 등을 위한 연구에 막대한 돈을 대고 있다. 앞서 언급한 커즈와일 또한 젊은 시절 스캐너, 문자 인식, 음성 합성 등을 개발해 큰 성공을 거둔 발명가였다.

　　　　　그럼 한번 질문해보자. 이 사람들의 말을 어디까지 믿을 수 있겠는가? 꼭 2045년이라고 정해놓지는 않더라도, 언젠가는 정말로 특이점이라는 게 올까? 과학기술은 과연 인간을 초월적인 존재로 만들어줄까? 우리는 진짜로 몸과 뇌와 지구의 한계를 극복하여 트랜스휴먼으로 거듭나게 될까?

Photo by John Adams on Unsplash

SECTION 2　　　　　　　　　　　　　　　　　　44

트랜스휴먼은 무엇을 가리키고 있는가?

과학기술의 발전을 통해 인간 신체의 생물학적 한계를 극복하고 영원한 생명을 영위할 수 있으리라는 전망은 그 자체로 유구한 역사를 갖고 있다. 1626년에 출판된, 근대 과학의 창시자 중 한 사람인 영국의 철학자 프랜시스 베이컨이 쓴 짧은 유토피아 소설 《새로운 아틀란티스(New Atlantis)》를 보자. 기행문 형식으로 쓰인 이 소설에서 화자는 태평양을 표류하던 도중 어떤 유토피아 사회에 도착하는데, 이 사회는 '살로몬의 집(Salomon's House)'이라는 일종의 연구 기관이 사회의 중추와 같은 역할을 하는 곳이었다. "인류에게 중대한 유용성을 갖는 자연의 위업들"이라는 제목이 붙은 책의 부록에는 살로몬의 집이 성취한 과학 연구의 성과들이 나열되어 있다. 그중 첫 번째가 "생명의 연장"이고, 그 외에도 "어느 정도의 젊음의 복원", "노화의 지연", "고통의 경감", "지성적인 부분(intellectual parts)의 증대와 고양" 등이 그 뒤를 따랐다.❻ 요컨대 과학을 통해 자연을 통제하는 힘을 갖춤으로써 죽음, 노화, 고통, 지성의 결함과 같이 자연이 인간에게 부여하는 한계들을 넘어설 수 있으리라는 생각의 출현은 적어도 400여 년 전으로 거슬러 올라간다.

대표적인 계몽주의 사상가인 콩도르세 후작 또한 비슷한 생각을 피력한 바 있다. 1793년이었다. 그는 인류 과학이 "무한정 진보"함에 따라 "물론 인간이 불사의 존재가 되지는 않겠지만, 질병이나 사고가 없는 한 삶의 시작과 자연적으로 존재를 지탱하기 어려워지는 평균적인 시점 사이의 기간은 무한정 늘어날" 수 있으리라고 보았다.❼

지금은 2021년이다. 콩도르세로부터 200여 년, 베이컨으로부터 400여 년이 지났다. 하지만 여전히 그들의 꿈은 실현되지

6.
Francis Bacon, "New Atlantis" in *Three Early Modern Utopias: Utopia, New Atlantis, The Isle of Pines*, ed. Susan Bruce, Oxford University Press, 1999, pp. 185~186.

7.
Condorcet, "Sketch for a Historical Picture of the Progress of the Human Mind: Tenth Epoch", trans. Keith Michael Baker, *Daedalus*, Vol. 133, No. 3, 2004, pp. 80~81.

않았다. 콩도르세와 베이컨이 틀렸다고 말해야 할까? 물론 지금은 그렇다. 하지만 때가 안 맞을 뿐이다. 이 예언들이 미래에는 실현될 거라는 말이 아니다. 오히려 이 예언들은 과거에, 그러니까 베이컨과 콩도르세의 시대에 이미 그 역할을 다했다. 두 사람은 모두 인간 이성의 힘을 믿었고, 이성을 통해 불합리한 전통과 관습을 깨부수고 미래를 향해 나아가야 한다고 여겼다. 그들의 사상은 이러한 신념의 표현이었고, 많은 동시대인들이 호응했다. 바꾸어 말하면, 그들이 미래를 가리킨 것은 현재를 살아가는 이들에게 방향을 제시하기 위해서였다.

미래 예측은 정말로 미래를 예측하기 위한 것이 아니다. 현재를 바꾸기 위한 것이다. 그리고 예언의 효과와 예언의 내용은 다를 수 있다. 콩도르세와 베이컨의 이야기는 단순히 오래 살고 싶다는 사람들의 욕망을 자극했을 뿐만 아니라, 과학의 승리와 인류의 진보 그리고 이 둘 사이의 불가분성에 대한 확신과 믿음을 사람들에게 심어주었다.

예언들은 "미래가 아니라 현재를 겨냥하여 생산되기 때문"에 우리는 "예언들을 단지 우리가 받아들이거나 거부할 대상이 아니라 열심히 읽고 해석하고 토론할 텍스트로 간주"해야 한다. 과학기술학자 전치형과 홍성욱은 특히 기술 발전에 무게중심을 두는 미래 예언의 '텍스트'를 "기술-미래 예언"이라고 부른다.[8] 기술-미래 예언은 기술을 통해 이룩하게 될 미래에 관한 특수한 욕망을 유포함으로써 사람들에게 기술과 사회의 관계에 관한 특수한 관념을 불어넣는다.

그러므로 이제는 질문의 방향이 조금 달라져야 할 것 같다. 특이점이 정말 올 것인가를 묻기보다는 이렇게 질문해보자. 특이점이 올 거라는 말, 인간이 육체의 결함을 극복해야 한다는 생각, 기술의 힘을 빌려 인간이 초월적인 존재로 거듭나리라는 욕망의 뒤에는 어떤 의도와 효과가 숨겨져 있는가? 트랜스휴먼이라는 환상은 지금 당장 '휴먼'의 현실을 어느 방향으로 이끌고 있는가?

8.
전치형·홍성욱, 《미래는 오지 않는다: 과학기술은 어떻게 미래를 독점하는가》, 문학과지성사, 2019년, 163쪽.

더 잘못된 몸, 덜 잘못된 몸

Photo by Ben Sweet on Unsplash

2014년 미국의 부동산사업가 겸 미래학자인 졸탄 이슈트반이 차기 대선 출마를 선언했다. 도널드 트럼프가 당선된 2016년 미국 대통령 선거 말이다. 이슈트반은 자신의 대선 출마를 위해 정당을 만들었다. 정당의 이름은 '트랜스휴먼주의자당(Transhumanist Party)'이었다. 그는 '불멸 버스(Immortality Bus)'라는 이름을 붙인 거대한 관 모양의 선거 유세 차량을 몰고 다녔다. 불멸 버스를 타고 전국을 누비며, 이슈트반은 "자기 몸에 대해 원하는 것을 무엇이든 할 수 있고 인간을 뛰어넘은 존재가 될 수 있는 절대적이고 양도 불가능한 권리"를 국가가 보장해야 한다며, 이를 위해 영생 연구에 예산을 투입할 것을 요구했다.❾

이슈트반은 트랜스휴먼이 단순히 기술 발전의 문제일 뿐만 아니라 사회 변화의 문제이기도 하다는 점을 강조했다. 언론과의 인터뷰에서 그는 솔직하게 이야기했다. 자신이 당선될 거라고 생각하지 않는다고 말이다. 대신 그는 현재의 미국 사회가 바뀌어야 한다고 주장했다. "우리는 국방 예산을 줄이고 그 돈을 과학기술에 투입해야 합니다. …우리는 중동에서 전쟁을 일으킬 게 아니라 암과의 전쟁을 수행해야 합니다."❿

하지만 이슈트반의 생각을 조금 더 자세히 들여다보면, 그를 비롯한 트랜스휴먼주의자들이 평화주의와 합리주의의 가면 뒤에 어떤 음험한 생각을 품고 있는지를 알 수 있다. 2016년 대선 기간 동안 불멸 버스를 함께 타고 다니며 이슈트반을 취재한 마크 오코널에 따르면, 이슈트반은 "인도와 진입로를 휠체어 친화적으로 개선하기 위한 로스앤젤레스시 예산 13억 달러를 로봇 외골격 기술에 투자하는 것이 더욱 바람직하다"고 말해 물의를 빚었다. 그런데도 그는 "고쳐야 할 대상이 … 차별적 태도가 아니라 장애인이라는 자신의 주장에 왜 장애인들이 발끈하는지 전혀 이해하지 못했다." 마찬가지로 시리아 난민 수용을 둘러싼 논쟁이 있었을 때도 이슈트반은 "입국 절차의 일환으로 난민들에게 마이크로칩을 삽입하자는 산뜻한 해결책을 제안했다."⓫

무엇 때문에 이슈트반은 이처럼 문제적인 발언을 할 수 있었던 것일까? 이를 이해하기 위해서는 인구 집단으로서 트랜스휴먼주의자가 상당히 획일적인 특성을 갖고 있다는 사실을 알아야 한다. 트랜스휴먼주의 담론을 주도하는 것은 대개 실리콘밸리를 중심으로 활동하는 기업가,

9.
《트랜스휴머니즘》, 312쪽.

10.
Brett McGuinness, "Zoltan Istvan 2016: Let's Make Americans Immortal", *USA Today*, 2016.06.15., https://bit.ly/3D3NJ5c.

11.
《트랜스휴머니즘》, 298~299쪽.

엔지니어, 과학자, 저널리스트 등의 고학력 백인 남성들이다. 이들은 학력, 젠더, 인종, 계급 등 여러 면에서 동질적인 집단을 이루고 있다. 이에 관해 데이터 저널리스트 메러디스 브루서드는 이렇게 논평한 바 있다. "자신의 수학적 능력을 과대평가하는 경향이 있는 소수의 남성 엘리트 집단이 있다. 이 집단은 수백 년 동안 체계적으로 여성과 유색 인종을 배제하고 기계를 선호해왔으며, 공상과학 소설을 현실로 구현하려" 노력해왔다.[12] 이 집단에 속한 사람들에게 장애인이나 난민은 과연 어떤 존재로 보일까?

하지만 트랜스휴먼주의를 단순히 몇몇 고학력 백인 남성들의 독특한 하위문화 정도로 치부할 수만은 없다. 사실 트랜스휴먼주의는 우리 모두가 갖고 있는 생각을 다소 과장하여 표현한 결과에 불과한 것일지도 모르겠다. 팀 캐넌은 '모든 몸은 잘못된 몸'이라고 말했다. 이상한 말 같다. 어떻게 모든 몸이 잘못된 몸이라고 그토록 자신 있게 선언할 수 있다는 말인가?

하지만 곰곰이 생각해보자. 이 말이 이상한 이유는 '잘못된 몸' 때문일까 아니면 '모든 몸' 때문일까? 사실 우리는 '더 잘못된' 몸과 '덜 잘못된' 몸을 구별하는 문화 속에서 살고 있고, 알게 모르게 '어떤 몸은 잘못된 몸'이라고 생각하며 살아간다. 물론 장애인이나 소수 인종의 몸은 당연히 '더 잘못된' 몸에 속한다. 따라서 이슈트반의 발언은 극단적인 트랜스휴먼주의자보다는 오히려 비트루비우스적 인간을 인간의 모범으로 숭앙하는 평범한 인본주의자(humanist)의 생각에 더 가까운 것일지도 모르겠다. 극단적인 트랜스휴먼주의자라면 모든 몸은 평등하게 잘못되었으며, 따라서 장애인과 난민뿐 아니라 모든 사람에게 칩을 심고 외골격을 이식해야 한다고 생각할 테니까 말이다. 하지만 우리는 물론이고 트랜스휴먼주의자당의 대선 후보조차 그렇게 말하지는 않았다. 그 또한 우리의 문화에 함께 속해 있기 때문이다.

12.
매러디스 브루서드 저, 고현석 역, 《페미니즘 인공지능: 오해와 편견의 컴퓨터 역사 뒤집기》, 이음, 2019년, 150쪽.

트랜스휴먼주의는 '트랜스'라는 말이 붙기는 했지만 여전히 인본주의의 한 분파에 불과하다. 트랜스휴먼은 결국 휴먼의 자손이다.

'모든 몸은 잘못된 몸'이라는 선언은 추상적인 슬로건에 불과하다. 실제 상황에서는 제아무리 대단한 트랜스휴먼주의자라 해도 '더 잘못된' 몸과 '덜 잘못된' 몸을 구별하는 습관을 벗어나기 힘들다. 몸이 잘못될 수 있다는 생각은 과학의 승리와 인류의 진보를 위해 시급하게 교정해야 할 '더 잘못된' 혹은 '열등한' 몸부터 먼저 바로잡자는 생각으로 이어질 수밖에 없는 것 같다. 이 습관을 벗어나지 못한 사람들이 우리의 미래를 설계한다면, 결국 누군가는 타인의 몸을 바로잡는 역할을 맡고 다른 누군가는 타인에 의해 교정받는 역할을 맡는 기괴한 역할 놀이가 계속될 것이다.

트랜스휴먼주의는 아주 선명하고 커다란 거울과 같다. 언뜻 보면 이상하지만 자세히 들여다보면 그것이 우리 자신을 비추고 있음을 알 수 있기 때문이다. 미래를 알려주는 거울이 있다. 그런데 그 거울이 보여주는 미래는 놀라우리만치 과거와 닮아 있다. 기억하자. 트랜스휴먼주의의 아버지 줄리언 헉슬리는 원래 우생학자였다.

SECTION 2

QUESTION 6   생태

'자연스러운' 변화의 시작
'Natural' change

김산하
야생영장류학자

우리나라가 굉장히 능한 분야가 하나 있다면
무엇일까? 필자는 주저 없이 다음과 같이 답한다.
바로 무엇이 '대세'인지를 파악하는 능력이라고.
개인에서부터 사회 그리고 나라 전체에 이르기까지
우리는 지금 가장 '핫'하고 가장 뜨고 있는 게
무엇인지에 치중하고, 집착하고, 사활을 건다. 그
흔하게 언급되는 우리의 냄비근성도 어쩌면 이 대세
추종의 부대효과 또는 다른 이름인지도 모른다.
시시각각으로 바뀌는 대세를 좇으며 뭔가에 한창 열
올리더라도 다른 것에 눈을 돌리고 나면 금세 식을
테니 말이다.

     소위 말하는 트렌드 읽기에 우리가 집단적으로
꽂혀 있다는 사실은 얼핏 보면 매우 다행스러운 일인
것만 같다. 그만큼 시대적 변화의 조짐을 민감하게
포착하고 그에 맞게 기민하게 반응한다는 뜻이니까.
그렇긴 하다. 하지만 반쪽짜리다. 그것도 철저하게.
무엇이 대세인지는 그 누구보다 빨리 알아차리고
삽시간에 모두가 '우' 하고 한쪽으로 쏠리는 건
확실하다. 그런데 전체적으로 사회가 쏠리는 형태를
취하기만 할뿐 실제로 그 대세에 대한 내용적 실현이
벌어지고 있는 것은 아니다. 한마디로 분위기로서의
대세만 왔다가 간다.

     가령 한때 이 사회를 사실상 집어삼켰던 '웰빙'
또는 '힐링'이라는 두 단어를 되돌아보자. 한창 활발히
회자되던 당시엔 이를 언급하지 않고서는 거의
아무것도 말할 수 없는 것처럼 느껴질 정도였다. 단순
생존만이 아니라 질적으로 좋은 삶을 추구하자는
것, 그리고 사회 구성원 모두의 내적, 외적 상처를
치유하며 앞으로 나아가자는 것. 이렇게 훌륭한
가치들을 우리 모두가 그토록 기리고, 외치고,
그야말로 대세로서 강조했으니 참으로 바람직한

일이 아니었던가? 적어도 이 분야에서만큼은 사회가 나아졌을 것이 틀림없다.

물론 틈이 있다. 아무것도 나아지지 않았다. 오히려 나빠졌다고 해야 맞을 것이다. 삶의 질은 하락했고 단순 생존조차 더욱 어려워진 게 현 상황이다. 그리고 상처의 치유로 말할 것 같으면, 이보다 더 비인간적으로 서로를 헐뜯었던 때가 있었나 싶은 시대다. 하지만 여기서 현대 사회상을 자세히 분석하려는 것이 아니다. 대세에 무섭게 달려들기만 했을 뿐, 그것을 언어적, 기호적, 문화적으로 회자하기만 했을 뿐 사회가 그 가치들을 실질적으로 수용 및 반영하지는 않았다는 점을 지적하려는 것이다.

지금으로 말할 것 같으면 무엇이 대세일까? 바로 기후변화, 환경오염, 자연파괴라는 전 지구적 위협에 직면하여 이에 대항해 보다 자연친화적이고 생태적인 삶의 자세가 필요하다는 것. 즉 한마디로 '지구와 생명'이 대세인 시대다. 기업마다 얼마나 지구를 생각하는 제품을 내놓았는지를 선전하고, 지자체나 공공기관마다 지속가능성과 탄소배출 감소를 천명하는 정책을 내놓고 있다. 어떤 잡지를 펼쳐보아도, 어떤 전시회를 가더라도 공생과 상생, 녹색 라이프스타일에 대한 언급이 쏟아진다. 각종 매체에선 신재생 에너지, 순환 경제, 재활용 기술혁신, 패시브 하우스, 실험실 고기 등 새 시대를 밝히는 뉴스가 끊임없이 터져 나온다.

고개를 돌리는 곳마다 환경과 생태를 부르짖고 있는데, 그럼 된 것 아닌가? 이토록 지구를 걱정하는 목소리가 도처에서 들리는 걸 보면 이 문제적 문명이 이제 최소한 올바른 방향으로 선회한 것만은 분명해 보인다. 이 정도면 높으신 양반들과 똑똑한

엘리트들이 인류의 뛰어난 기술력을 가지고 뭘 해내더라도 해낼 것이다. 암 그렇고말고.

글의 흐름상 뒤따를 내용은 자명하다. 실상은 전혀 딴판이다. 올해 2021년의 탄소배출 증가량은 1.5기가톤을 넘어서면서 역대 두 번째로 높은 수치를 기록했다. 대폭 감소를 해도 모자랄 판에 유사 이래로 가장 높은 수준으로 증가한 것이다.

그 결과 올해 7월에 발표된 대기 중 이산화탄소의 농도는 419ppm을 찍었다. 인간의 모든 역사를 통틀어서는 물론, 지난 400만 년 중 가장 높은 수치다. 이보다 더 많은 이산화탄소가 대기 중에 배출된 적은 없었던 것이다.

설상가상으로 지난해 아마존 열대우림의 벌채량은 최근 12년간 최고치를 달성했다. 더 많은 나무가 잘리면서 더 많은 탄소가 배출되고 있는 상황이다.

한반도에 모인 우리는 너무나 잘하고 있는데 지구촌이 문제라고 생각한다면 천만의 말씀이다. 2018년 현재 우리나라의 탄소배출량은 전 세계에서 8위, 개인당 배출량으로 치면 6위로 성큼 올라섰다. 이 조그만 나라 전체가 배출하는 절대적 양도 엄청나지만, 사람 1인당 배출하는 양으로 보면 더욱 충격적이라는 뜻이다. 탄소배출 상위 20위 국가 중 한국처럼 자그마한 나라는 일절 없다. 나머지 19개국의 평균 면적이 남한의 무려 40배다. 최소한 국가 규모라도 큰 나라들인 것이다. 한마디로 우리야말로 가장 문제적 사람들이다. 물론 이런 수치를 들이대야만 알 수 있는 것도 아니다. 주변만 둘러봐도 그 어디에도 기후변화에 대한 특단의

SURROUNDINGS

대책이나 사회적 시급성은 보이지 않는다. 극한적 언행불일치의 향연이다.

녹색의 메시지는 넘치는 가운데 실제의 세상은 급속도로 악화되어가고 있는 작금의 모순적 현실에서 우리가 필요로 하는 것은 단 한 가지다. 바로 진정한 의미의 변화다. 이 판국에서 이대로가 괜찮다며 변화를 거부하는 이들은 눈을 감고 살겠다고 선언한 것과 매한가지 아니겠는가? 혼자 어둠 속에서 살겠다는 것까지 뜯어말릴 수는 없지만, 사회 전체가 절멸을 향해 치닫고 있는 이 위험천만한 노선에 그대로 머문다는 건 있을 수 없는 일이다. 바로 말과 행동의 극명한 차이 때문에 변화의 필요성이 더더욱 절실한 것이다.

그런데 어떤 변화? 지구와 자연에 대한 약간의 제스처 또는 립 서비스 가지고는 안 되며, 오히려 그것이 문제의 본질이라는 점을 받아들이고 나면 답은 자명하다. 그것은 근본적인 자연관의 변화다. 자연을 대하는 자세와 관점이 본질적 차원에서 바뀌어야지만 그로부터 나오는 행동이 달라지고 그 모든 것의 집합체인 사회의 변화도 일어날 수 있다. 지금껏 이 모든 문제를 발생시켜온 장본인인 인간중심적 사고방식을 약간 수정할 요량으로는 턱없이 역부족이다. 전면 재고의 의지 없이는 이 엄청난 관성의 질주는 계속될 것이기 때문이다.

이 근본적인 자연관의 변화를 줄여서 '자연스러운' 변화라고 부르기로 하자. 흔히 '자연스럽다'라고 하면 어떤 흐름과 진행과 발생이 무리가 없고 이치에 맞는 모습을 가리킨다. 하지만 여기서는 이를 좀 바꿔, '자연의 섭리와 합치되는' 또는 '자연의 모습과 닮은' 또는 '자연의 존속에 기여하는' 등을 모두 담은 표현으로 쓰고자 한다. 한마디로 실제

'자연'의 의미가 담긴 '자연스러운' 것을 추구하고 도모하고 일구는 변화를 말한다.

그렇다면 과연 '자연스러운 변화'는 어디에서 어떻게 시작해야 하는 것일까. 몇 가지를 우선적으로 들 수 있다.

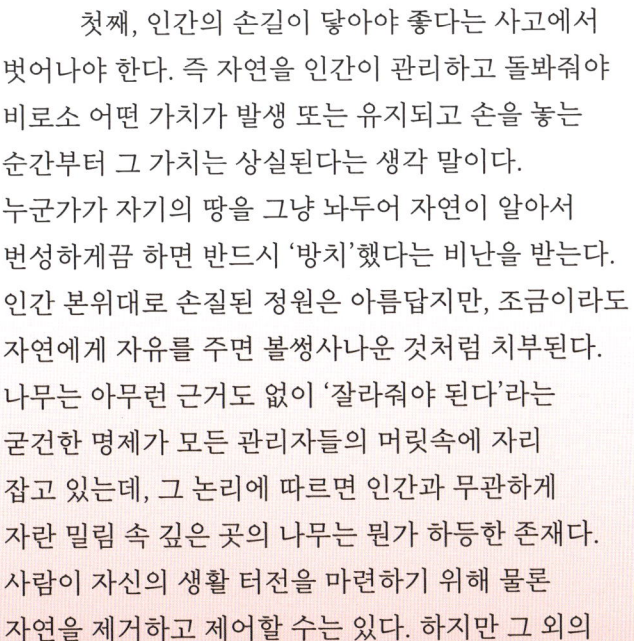

첫째, 인간의 손길이 닿아야 좋다는 사고에서 벗어나야 한다. 즉 자연을 인간이 관리하고 돌봐줘야 비로소 어떤 가치가 발생 또는 유지되고 손을 놓는 순간부터 그 가치는 상실된다는 생각 말이다. 누군가가 자기의 땅을 그냥 놔두어 자연이 알아서 번성하게끔 하면 반드시 '방치'했다는 비난을 받는다. 인간 본위대로 손질된 정원은 아름답지만, 조금이라도 자연에게 자유를 주면 볼썽사나운 것처럼 치부된다. 나무는 아무런 근거도 없이 '잘라줘야 된다'라는 굳건한 명제가 모든 관리자들의 머릿속에 자리 잡고 있는데, 그 논리에 따르면 인간과 무관하게 자란 밀림 속 깊은 곳의 나무는 뭔가 하등한 존재다. 사람이 자신의 생활 터전을 마련하기 위해 물론 자연을 제거하고 제어할 수는 있다. 하지만 그 외의

SURROUNDINGS

공간에서는 자연이 제 갈 길을 가는 것을 재단해서는 안 된다. 그토록 함부로 자르는 식물 또한 정원사가 등장하기 한참 전부터 지구상에 살아온 생명체들이다. 우리의 가위질이 마치 그들을 위한 것인 양 합리화하는 생각일랑 일찌감치 떨쳐내야 하는 것이다.

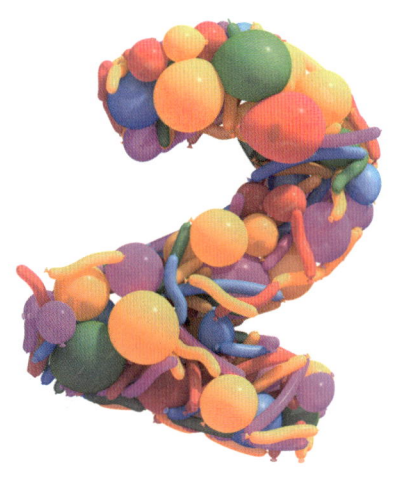

둘째, 대지는 공유 공간이라는 사실을 새롭게 자각하고 수용해야 한다. 토지의 소유가 우리 사이에선 그토록 중추적 게임의 법칙인지 몰라도, 그것을 자연에게 들이댈 수 없음은 너무도 자명하다. 그렇기 때문에 아무리 합법적인 '내 공간'이라 하더라도 '불청객'은 반드시 오게 마련이고 그런 의미에서 불청객이란 개념은 원래 없다. 동물도 영역 갖고 다투지 않냐고 반문할지 모르지만 그것은 어디까지나 동종을 향해서다. 생물학적 영역은 경제학적 소유의 영역과 매우 다르지만, 비슷하다고 간주하더라도 자연은 수많은 종의 여러 영역이 한곳에 중첩해서 나타나는 시스템이다. 가령 까치 부부가 뒷동산을 차지하고 있어 다른 까치가 못 오게 하더라도 그 안에는 온갖 다른 동물이 또 영역과 보금자리를 틀고

산다. 광대한 땅에 농작물을 심고 그것을 자연이 손대지 않기를 바라는 마음이 얼마나 어리석은지를 이러한 관점에서 다시금 깨달아야 한다. 뭇 생명의 입장에서 밥이 눈앞에 끝없이 펼쳐져 있는데 이를 먹지 않는다는 건 있을 수 없는 일이다. 어차피 자연에서 대지는 공용 공간이기 때문이다. 토양의 영양분, 떨어지는 빗방울, 내리쬐는 햇빛 모두가 공용인 것처럼 대지도 마찬가지다. 바로 그렇기 때문에 타 생물을 전부 배제하는 농업 시스템은 지속 불가능한 것이다. 이미 지구 육상 면적에서 사막과 빙하처럼 생물이 살 수 없는 땅을 제외하면 땅의 절반 이상이 인간의 농업을 위해 할애된 땅이다. 그러고도 더 이상의 독점적 소유를 요구할 순 없는 일이다.

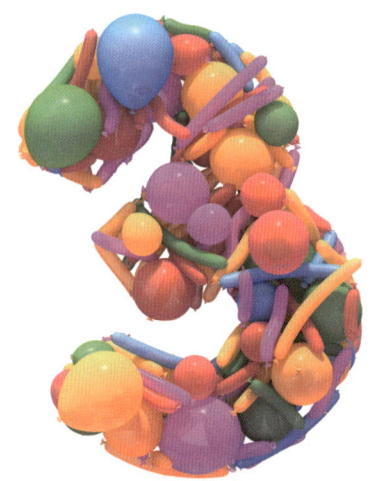

셋째, 생산 시스템에서 생성 시스템으로 전환해야 한다. 이는 과학철학자이자 사회학자인 브뤼노 라투르가 《지구와 충돌하지 않고 착륙하는 방법》에서 제시한 개념적 구분이다. 특정 대상에게 특정 재화를 공급하기 위해 투입해야 할 자원으로 자연을 보는 생산 시스템이 기존의 체제다. 생산의

개념이 주축이 되는 세계에서는 착취, 고갈, 낭비, 폐기 등이 수반될 수밖에 없다. 반대로 주어진 조건에 따른 자연적 반응으로서 유기적 자원이 발생하고 그에 따라 생태계가 저절로 구축되는 체제가 생성 시스템이다. 인류가 생산이라는 것을 발명하기 한참 전부터 지구는 생성의 체제를 유지해왔다. 나의 목적에 조건을 맞추는 것이 생산이라 한다면, 주어진 조건에 나를 맞추는 것이 생성이라 할 수 있다. 소비자의 입맛에 모든 걸 맞추려고 하는 것과 가장 대척점에 놓인 관점으로, 먹이피라미드의 하부단계가 갖춰졌을 때에만 상부단계가 생기는 원리에 착안한 것이다. 기존의 경제학에서 말하는 효율의 개념도 생성의 철학에 기초해 자연계에 가장 부담을 덜 지우는 생태적 효율성의 개념으로 재편되어야 한다. 현대 경제의 가장 근간인 생산 그 자체가 변화의 중심에 서야 한다.

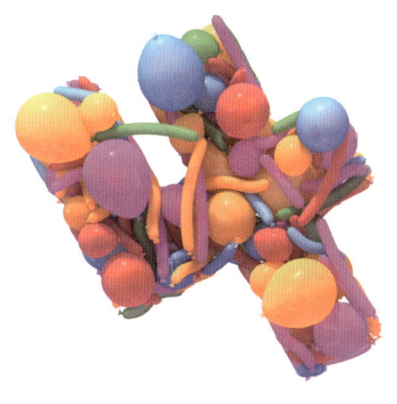

넷째, 외부요인의 내부요인화가 사회 모든 분과에 걸쳐서 이루어져야 한다. 원래 경제 용어로서 외부요인은 비즈니스의 환경을 구성하는 정치, 사회, 문화, 환경 요인을 말한다. 즉, 제품의 생산과 소비 공정을 내부로 봤을 때 나머지 전체를 외부라 보는 관점이다. 옛날에는 사업장과 시장 바깥의 세계에 대한 고려를 전혀 하지 않고 장사에만 매진했다면, 지금은 요새 한창 화제가 되고 있는 기업의 ESG처럼 기업 바깥의 세계에 대해서도 책임감을 가지고 기업 내부의 일처럼 대하는 것이 추세다. 하지만 이 역시 요란한 표어와 선전에 비해 실체는 초라한 것이 현실이다. 인류는 그간 소위 '중요한 일'을 한다는 미명하에 '별로 안 중요한' 것을 희생시킨 역사를 조금씩 만회하는 행보를 걸어왔다. 그동안 무시했던 노동, 여성, 소수자 그리고 환경 등을 하나씩 체제의 일부로 포섭하고자 하는 움직임이 바로 외부요인의 내부요인화다. 이는 단순히 기업 환경에만 국한된 얘기일 수 없다. 재계는 물론 공공 영역과 민간 부문 전체에 걸쳐 내부요인의 확장이 일어나야 한다. 가령 쓰레기의 경우 대표적으로 '외부'로 치부당하는 사안으로서 생산과 소비의 주체들이 자신의 문제로 여기지 않는다. 중요한 건 쓰레기를 단순히 잘

처리하는 것이 아니라 쓰레기가 애초에 안 또는 덜
나오도록 하는 노력이 처음부터 핵심 고려 대상이 되는
것이다.

　　　다섯째, 야생을 품고 받드는 문명으로 나아가야
한다. 지금까지 인류의 문명은 자연의 힘에 항거하며
야생의 영역을 계속해서 걷어내면서 세워졌다. 그 결과
서식지 파괴와 생물다양성 소실은 물론, 기후위기라는
존재론적 위협을 자초하며 문명의 한계에 직면하기에
이르렀다. 인간의 영역은 여전히 유지하되, 야생의
자연이 침투할 수 있도록 상호 투과적인 경계를
설정하고 자연에 할애한 곳은 확실히 할애해야 한다.
생태계가 온전한 서식지일수록 탄소저장능력 등의
기능도 더욱 뛰어나다는 사실이 속속 밝혀지고 있듯이,
한때 인간이 그토록 정복하려 했던 야생의 자연이
이제는 보존해야 하는 대상이 된 것이다. 코로나19
또한 서식지 파괴와 야생동물과의 무분별한 접촉이
그 원인으로 지목되고 있는 만큼 야생의 영역에 대한
존중과 배려는 절실한 시대적 요구이기도 하다.

이 요구의 핵심에는 인간이 스스로의 존재감을 가볍게 하는 것을 발전으로 보는 철학이 자리한다. 가령 지금까진 야생동물을 강제로 잡아와 동물원이라는 거대 시설에 가둬놓고 구경하는 행위로 스스로의 존재감을 누렸다면, 앞으로는 야생동물이 자유롭게 활보하도록 대지를 '재야생화(rewilding)'하거나 또는 야생을 복원하고, 이를 첨단기술을 동원하여 숨어서 관찰하며 음미하는 문화로 전환해야 한다는 것을 의미한다.

  이 모든 변화가 필요로 하는 것은 딱 한 가지다. 바로 시작점이다. 그것이 개인이든, 단체든, 사회 전체든 모든 변화는 시작의 지점을 필요로 한다. 물론 이미 많은 곳에서 이 변화는 태동하고 있다. 그러나 여전히 소수에 의한 주변부의 움직임이다. 우리 사회가 그토록 추구하는 '대세'가 되기 위해서는 변화를 갈망하고 추구하는 수가 '임계 질량'을 넘어야 한다. 바로 이런 의미에서 '자연스러운' 변화의 시작은 모두의 책임이자 권리인 것이다. 그리고 일단 시작되면, 그것이 이미 반이라는 격언처럼 나머지는 '자연스럽게' 따라올 것이다.

과거를 돌파해야
만날 수 있는 미래
Breaking through
the old foundation

박정현
건축비평가

건축

QUESTION 7

Photo by Malcolm Shadrach on Unsplash

건축이 미래의 전령을 자처하던 때가 있었다. 몇 년 뒤 지어질 건물이나 도시를 미리 선보인다는 소박한 미래를 말하는 것이 아니었다. 현재의 문제를 해결하고 더 나은 사회를 유도할 수 있다는 신념이었다. 르 코르뷔지에는 1923년 펴낸 《건축을 향하여(Vers un architecture)》 마지막 장 제목에서 호기롭게 둘 중 무엇을 택할 것인지 묻는다. "건축이냐, 혁명이냐?" 질서의 화신 건축을 선택하면 러시아혁명과 같은 대혼란을 막을 수 있다는 확신이었다. 이 이데올로기를 우리는 현대(modern) 건축이라고 불렀다.

　　이는 인류의 역사와 함께하는 긴 건축의 역사에서 예외적인 순간, 아주 짧게 유지된 생각이다. 브뤼노 라투르의 표현을 빌리면, "1980년대 이후 지배 계층은 다른 사람들을 이끄는 것을 포기하고, 세상으로부터 그들 자신만을 피신시키기 시작"한 그때❶ 건축은 무엇보다 빨리 미래를 향하던 눈을 거두었다. 사회주의의 대안을 자처해서였을까. 현실 사회주의의 동력이 사그라들고 대처와 레이건으로 대변되는 자유주의의 반격이 시작되던 때, 건축은 과거를 바라보았다. 역사 도시 구도심에 남아 있는 고전주의 건축물의 형태에서 모티브를 빌려온 건축은 스스로를 탈현대(post modern)라 칭했다. 당대에 유행했던 기호학과 수사학, 후기구조주의 등 갖은 이론으로 자신들이 최신 흐름을 따르고 있다고 과시했다. 그러나 이 허장성세로 건축이 미래에서 과거로 고개를 돌렸음을 가릴 수는 없었다.

　　한국에서도 사정은 그리 다르지 않다. 1960년대 중후반 발전국가 체제에서 건축은 미래를 선취해 현재에 전시하는 역할을 맡았지만 그 기간은 무척 짧았다. 1970년대 속속 완공된 제철소와 조선소 등의 중화학 공업단지는 건축의 청사진을 압도하는 미래의 표상 그 자체로 기능했다. 그러는 사이 신도시와 아파트단지의 조감도와 모형이 개인의 취향과 욕망을 쉼 없이 재조정하고 있었다. 그러나 이 표상은 다가올 시간을 그려보이긴 하지만 이전에 건축이 담당했던 미래의 표상과는 다르다. 오히려 현 체제의 무한한 지속에 가깝다. 지금의 정치경제 체제가 결코 바뀌지 않으리라는 믿음의 투사나

1.
브뤼노 라투르 저, 박범순 역, 《지구와 충돌하지 않고 착륙하는 방법》, 이음, 2021년, 18쪽.

마찬가지다. 건축이 십 수 년째 재생, 리노베이션, 땅의 흔적, 역사와 보존 등의 원환 안에 머물러 있다. 과거가 남긴 것들을 만지작거리면서 말이다. 이제 건축은 미래를 알지 못한다. 더 정확히는 아는 척하지 않는다.

이런 정황에도 불구하고 건축과 미래를 나란히 둘 수밖에 없는 이유는 다른 길이 가능한지, 그리고 이때 건축이 무엇을 할 수 있는지 묻지 않을 수 없다는 데 있다. 2년 가까이 이어지고 있는 팬데믹, 이와 떼어서 생각할 수 없는 기후변화 그리고 이 기간 동안 전 세계에서 폭등한 집값은 안정적인 거주가 위기에 처했음을 알린다. 유례 없이 집에 오래 머물러야 하지만, 동시에 집에 기대하는 지속성과 안전성이 어느 때보다 불안한 시점이다. 이 분기점에서 우리는 기술과 건축이 다시 미래를 가져오리라 기대할 수 있을까?

가까운 미래에 건축과 도시 환경이 어떻게 변화할 것인가를 예측하는 글과 기사는 충분히 많다. 공기 정화 기능이 강화된 공조 시스템, 버튼을 손으로 누르지 않고 발로 이동할 층수를 지정할 수 있는 엘리베이터, 배달음식과 택배를 무인으로 집 앞까지 가져다주는 시스템, 자율주행 자동차를 위한 인프라 등 기술이 제공하는 더 편한 생활환경은 미래보다 현재에 가깝다. 기술과 자본의 관성에 따라 나아가는 진행형일 뿐이다. 더 급진적인 새로운 시작, 근본적인 전환은 지금 체제가 딛고 서 있는 오래된 토대를 재검토하는 것이다.

반복되는 과거의 미래

상상조차 하기 힘든 일은 미래 기술 예측이 아니라 과거의 해체다. 전선은 미래가 아니라 과거와 대결하는 곳에 펼쳐져야 한다. 이를 위해 우리는 건축이 경제 발전이 제공할 청사진을 그려보이던 1960년대로 되돌아가야 한다. 바로 그 무렵 한국 사회를 결정적으로 바꿔놓은 건물군이 등장하는데, 1963년 준공된 마포아파트단지다. 1930년대부터 있었던 기존의 아파트들이

마포아파트 항공사진(1963), 출처: 국가기록원, 관리번호: CET0035584

QUESTION 7   건축   과거를 돌파해야 만날 수 있는 미래   박정현(건축비평가)

SURROUNDINGS

도심 가로변에 배치된 단일 건물이었다면, 마포아파트는 기존 도시 구조와 무관하게 내려앉은 건물군이었다.❷ 이를 시작으로 아파트단지는 서울과 전국 도시의 거의 유일한 개발 전략이자 주택 공급 방식으로 자리 잡는다. 이후 모두가 아는 것처럼 아파트단지는 한국 사회의 태양이 된다. 정권의 명운, 개인의 인생을 좌우하며, 정치·경제적 이해관계, 계층의 재생산, 입시와 교육체계 모두 아파트단지를 중심으로 회전한다. 에너지의 근원이지만 쳐다볼 수 없는 태양처럼, 모두가 아파트를 통해 자산을 늘릴 수 있다는 착각에 빠져 있을 때 아파트단지는 정치·경제적 논의의 대상으로 여겨지지 않았다. 건축이나 주거론에서 벗어나 아파트의 정치적, 사회적 의미를 처음 문제시한 사람이 한국인이 아니라는 점은 결코 우연이 아니다.❸

아파트단지는 정부 재원이 턱없이 부족하던 1960년대 택지를 조성하고 주택을 공급하기 위한 묘안이었다. 정부와 지자체는 단지와 연결되는 도로만 건설한 뒤, 단지에 필요한 모든 기반 시설을 분양받은 이들에게 전가했다. 최소한의 비용으로 양질의 주택지를 확보하는 전략이었다. 단지 내 도로, 인도, 가로등, 어린이놀이터, 경로당, 가로수와 조경 등은 전적으로 개인이 책임져야 했다. 정부 예산에 비해 주택이 늘 부족했던 시절 내내 되풀이되다가, 1980년대 말 신도시 건설에서도 반복되며, 도시 스케일로 확장되어 오늘에 이른다. 그 결과 서울시 주거지 면적 4분의 1은 사유화된 단지다. 단지 내 도로를 막아 외부인은 단지 외곽을 돌아가게 하고, 같은 초등학교를 다니지만 단지에 살지 않으면 이용하지 못하게 하는 일은 심심찮게 언론에 소개되어 공분을 자아내지만 법적으로 아무런 문제가 없다. 역으로 아파트단지 바깥 주거지에서는 기반 시설의 지옥도가 펼쳐진다. 단언컨대, 도시의 사유화, 공공의 방기가 이 정도로 심각한 도시는 전 세계에서 찾아보기 힘들다. 최근 입주를 시작한 디에이치자이 개포아파트단지는 이런 징후가 더 노골적으로 드러나는 좋은 예다. 단지 안에

2.
마포아파트의 건설에 관해서는 박철수의 《한국주택 유전자 2》(마티, 2021) 3장을 참조하라.

3.
발레리 줄레조 저, 길혜연 역, 《아파트 공화국: 프랑스 지리학자가 본 한국의 아파트》, 후마니타스, 2007년.

자족적인 커뮤니티를 위한 도서관, 공원, 극장, 수영장, 체육관 등을 갖추고, 외부와 단지를 뚜렷하게 구획하는 거대한 성곽을 만들었다. 이 성곽에는 당연히 서울시가 주관하는 장기 전세 세대가 배치되었다. 팬데믹과 기후위기, 집값 상승은 사유화된 방주 만들기를 가속화할 가능성이 크다.

아파트단지야말로 지난 세기 개발체제가 남긴 가장 거대한 유산일지 모른다. 그 영향력이 지속적이면서 증대한다는 점에서, 그 바깥을 좀처럼 상상하기가 힘들다는 점에서 그렇다. 아파트단지는 지금도 늘어나고 있고, 이에 비례해 도시는 공공이 개입할 가능성이 점점 줄어드는 사유화된 군도로 변모하고 있다. 팬데믹과 거의 정확히 겹친 아파트값 폭등 기간 동안 정부의 수많은 대책이 실효를 거둘 수 없었던 이유도 공급과 수요를 조절할 수 있는 직접적인 수단이 없기 때문이다. 버스차고지, 고가도로, 빗물펌프장 등 위에 거대한 인공대지를 만들고 그 위에 주택 단지를 만들어 공급하겠다는 서울시의 계획 역시 이런 사정을 드러낸다.[4]

없던 대지를 만들지 않으면 공공은 개입할 방법이 없다. 박정희 체제의 유령, 이 악순환의 고리에 균열을 가할 수 있는 건축적·정치적 상상력 없이 한국 도시와 건축의 미래를 이야기하는 것은 기만이다. 아파트단지는 괄호 치고 그 바깥에서 걷고 싶은 도시, 골목길을 따라 펼쳐지는 인간적인 자본주의 도시를 만들 수 있다는 생각은 환상이다.

마포아파트는 재료와 구조 같은 물리적 특성, 단지와 건물의 형상뿐 아니라, 그것이 제시하는 생활방식과 정치적 효과까지 모든 면에서 미래 그 자체였다. 60년이 지난 지금, 이 모두는 우리를 현재에 붙들어 매는 구속복이 되었다. 2020년대 건축이 미래를 다시 상상하고 표상해야 한다면 이 과거를 돌파해야 한다. 사유화되어가는 도시를 다시, 아니 어쩌면 처음으로 공공적인 도시로 재편할 수 있는 시도야말로 미래가 없는 시대에 시도해봄직한 급진적인 상상이다.

4. 초등학교 위에 아파트를 건설하겠다는 여당 대통령 선거 경선 후보의 황당한 주장도 같은 맥락에서 나온 것이다.

QUESTION 8 사회

마민지
영화감독

끝을 모르는
욕망과
　　저당 잡힌 시작 :
　　　　부동산과
　　　　청년 주거
No place for the young blood

Photo by Ammar Zainal on Unsplash

지난해 초, 나는 난생처음 전셋집을 구했다. 월세 날짜가 다가오기 며칠 전부터 통장 잔고를 보며 전전긍긍하는 생활을 12년 만에 청산한 것이었다. 프리랜서로 어느 정도 자리를 잡아가고 있었지만, 목돈은 도무지 모이지가 않았다. 달마다 나가는 월세 비중이 소득에 비해 매우 높았다. 직장에 다니는 것이 아니니 전세자금대출도 마땅치가 않았다. 그래서 전세는 남의 일처럼 느껴졌고, 매매는 더욱 상상조차 할 수 없었다. 월세를 줄이기 위해 가성비를 따져가며 집을 구하다 보니 결국 빨래건조대를 침대 위에 올려놓아야 한 사람이 지나갈 수 있는 통로가 생기는 작은 원룸에서만 살았다. 일명 '반려건조대'와 함께하는 생활이었다. 다음에 이사 갈 집에는 베란다가 있으면 좋겠다거나, 화장실에 꼭 창문이나 환풍기가 있으면 좋겠다는 것이 내 현실적 상상력의 한계였다.

    주변 예술인 친구들에게 슬쩍 물어보니 다들 전세로 살고 있다고 했다. 비슷하게 '흙수저'인 줄 알았는데 나만 흙수저였던 것인가 싶어 은근히 배신감을 느끼던 찰나, 친구들은 전세임대주택 보증금 지원 대상 범위가 확대되었다고 귀띔을 해주었다. 그리고 나 역시 지원 대상에 포함된다는 사실을 알게 되었다. 전세임대주택은 보증금이 부족한 주거취약계층에게 저렴한 이자로 전세자금을 지원해주는 제도다. 몇 년 전에는 지원 범위에 포함되지 않았는데, 무주택 1인 청년 가구의 범위가 포괄적으로 바뀌면서 예술인도 지원받을 수 있게 된 덕이었다. 친구들은 주택청약 애플리케이션을 깔아주며 몇 가지 팁을 더 알려주었다. 연간 일정이 나오면 미리 숙지하고 있다가 수시로 공지사항이 올라오는 것을 확인하라는 거였다. 그렇게 공고 일정을 확인하고 신청 날짜가 오길 손꼽아 기다렸다. 긴 기다림 끝에 서류가 통과되었다.

    이왕 전세금 지원을 받는 김에 원룸도 탈출해보기로 했다. 1억 원 내외의 투룸 전세를 서울에서 구한다는 것은 실로 과한 욕심이었다. 부동산 앱에 원하는 조건을 입력하자 나오는 매물이 각 구별로 한 자릿수 남짓이었다. 같은 금액으로 원룸 전세를 구하는 것조차 상당히 제한적이었다. 청년전세임대주택 카페에 가입해 정보를 수집했고, 그나마 매물이 가장 많은 동네에 가서 발품을 팔기로 했다. 그렇게 몇 주에 걸쳐 몇 안 되는 매물을 물색했다. 전세임대주택은 일반적인 계약과 달리 행정적 절차가 복잡하기 때문에 집주인들이 난색을 보이는 경우가 많았다. 일단 괜찮다고 수락을 했다가도 절차 설명을 듣고 계약을 파기하는 경우도 있었다. 전세는 내 팔자가 아니라는 우스갯소리를 하며 마음고생 몇 차례를 더 한 뒤, 결과적으로 나는 베란다와 화장실에 창문이 있는 투룸 전셋집으로 이사했다. 사람들이 이렇게 부엌과 거실을 오가며 집 안을 배회할 수 있는 삶을 살고 있었다니! 집 안을 걸어 다니는 것만으로도 운동이 되는 것 같았다. 마침내 나는 침대 위의 반려 건조대와 이별하고 한층 풍요로워진 일상을 만끽했다.

    이사한 지 얼마 지나지 않아 코로나19 대유행이 시작되었다. 상황이 장기화되면서 집에 있는 시간이 점점 늘어났다. 방역 단계가 올라가며 외부 일정이 취소되었고 주로 재택근무를 하게 되었다. 부지런히 요리를 해 먹고, 고양이와 함께 시간을 보냈다. 그러다 간단한 운동기구를 중고로 구입해 베란다에서 운동을 시작했고, 종종 친구들을 하나둘 초대해 보드게임을 하기도 했다. 원룸에 살 때는 집에 들어가는 것이 싫어 어떻게든 집에 머무는 시간을 최소화했었기에 이러한 새로운 일상은 내 상상력 밖의 일이었다. 따로 책상을 놓을 공간이 없었기에 늦게까지 일을 해야 할 때면 주로 카페에서 일했고, 작은 냉장고에 식자재를 보관하기 어려우니 간단하게 식사를 때우기 일쑤였다. 건조대를 펴놓고 싶지 않아 빨래를 미루다가는 코인빨래방에 젖은 옷가지를 이고 지고 가 건조기에 돌리고 오기도 했다. 외향적인 성격이라 집 밖을 좋아한다고 믿었던 나의 성향은 사실 최소한의 여유가 없는 공간에서 살아왔기 때문에 형성된 습관이었다는 것을 그제야 깨달았다.

    그렇게 집에 머물다 보니 근처에 새로 지은 지 얼마 되지 않은 다세대 주택에 가림막이 다시 설치되고 있는 모습이 눈에 들어왔다. 의아한 풍경이었다. 어쩐지 몇 개월 동안 아무도 입주하지 않더니, 왜 다시 공사를 하는 걸까? 호기심을 참지 못하고 공사장 앞에 있는 카페 사장님에게 슬쩍 질문을 던졌다. 사장님은 '부동산

Photo by Viktor Kharlashkin on Unsplash

디벨로퍼(집장사)'들이 매입임대주택 제도를 악용해서 벌어진 일이라고 했다. 매입임대주택은 기존의 주택을 공공에서 매입해 저렴하게 임대해주는 제도다. 사장님 설명에 따르면 부동산 디벨로퍼가 재건축한 주택의 시세를 일부러 올려 일정 기간 동안 전 세대를 공실로 만든 다음, LH공사나 SH공사에 건물을 통째로 매매한다는 거였다. 덕분에 이 일대의 전셋값도 오르는 바람에 세입자가 줄어 부동산중개업자들의 불만이 이만저만이 아니라는 것이었다. 돈을 벌려고 마음먹으면 별의별 방법이 다 동원되는구나 싶어 탄식이 나왔다.

SURROUNDINGS

사실 제도가 바뀔 때마다 이를 신선한 방식으로 악용하거나 규제를 피해 기막힌 전략을 동원하는 사례는 비일비재하다. 지난 일 년 동안 들은 방법만 해도 꼬리에 꼬리를 물고 이어진다. 일부 2030세대가 '패닉 바잉', '영끌 매매'를 한다는 뉴스가 시선을 끄는 동안 5060세대는 부동산 투기 대책을 피해 자녀들에게 아파트를 증여했다. 증여받을 재산이 없지만 정규직 직장에 다니는 신혼부부는 혼인신고를 하지 않은 채 한 사람의 이름으로 매매를 하고, 다른 한 사람의 이름으로는 전세대출을 받아 저렴한 금리로 집을 샀다. 공공전세임대주택이 늘어나고 은행의 전세대출 문턱이 낮아지자 집주인들은 전세 보증금을 올리거나 반전세로 태세를 전환했다. 매매임대주택이 알짜배기 투자라고 소문나자 신축 주택은 일부러 공실로 만든 뒤 되팔았다. 그렇게 전세 보증금 지원만으로는 입주할 수 없는 주택이 늘어나자, 얼마 전에는 청년들을 대상으로 월세 대출 한도를 늘려주겠다는 기사가 나왔다. 세입자가 빚을 지면 그만이니 이제 집주인들은 월세도 더 올릴 것이다.

다음 이사를 갈 시기가 왔을 때 나는 과연 지금과 비슷한 조건의 집을 다시 구할 수 있을까? 아니면 결국 월세 대출을 추가로 받게 될까? 그것은 알 수 없는 일이다. 다만 공공주거정책에 기대어 투룸 다세대 주택에서 전세로 사는 경험을 할 수 있는 것은 나에게 다행스러운 일이었다. 1인 가구 최저주거기준 주거면적인 14제곱미터(약 4.2평)가 내 상상력을 틀어막고 있었기 때문이다. 14제곱미터에서는 반려 건조대와 이별할 수 없고, 집에 머무는 것을 좋아하는 사람으로 살아갈 수 없다. 나는 애초에 반려 건조대를 들일 생각이 없었고, 집 밖에서 보내는 저녁 시간을 좋아하지 않는 사람이었는데 말이다. 나에게는 그러한 주거 환경을 보장받을 수 있는 권리가 있다. 최소한 지금보다 나은 주거 환경을 경험할 수 있는 권리가 확장되어야 한다. 그래야 자신이 살아가는 공간에 대한 상상력을 발휘할 수 있다. 나는 이제 내가 살아가고자 하는 일상의 형태를 구체적으로 상상할 수 있게 되었다. 내가 원하는 것은 통장을 탈탈 털어 산 아파트가 아니라 인간답게 살 수 있도록 최소한의 조건을 보장해주는 안정적인 삶의 공간이다.

SECTION 3 / INSPIRING

- 아무것도 지나가지 않는다   비평   조효원(서양인문학자)
- 잘됐네   희곡   김승일(시인)
- 다중 우주, 아니 다중 언어를 상상하라   언어   백승주(언어학자)
- [스트레인저 싱스] 기묘한 나와 더 기묘한 사회의 심리학 2 – 어린이와 어른의 경계   신경인류학   박한선(신경인류학자)

Illustration by JoA©

QUESTION 9
비평

아무것도
Nothing is
지나가지 않는다
getting better

조효원
서양인문학자

Photo by Mitchell Luo on Unsplash

1.
교착
혹은 병목

건전한 통념이 끝없이 되뇐다
이 또한 지나가리라
이 말에
순진한 감성은 고개를 주억거린다

(하지만 의심은 여간해서 지나가지 않는다.
정말 그러한가?)

건조한 현실이 끝까지 우긴다
어떻게든 넘어가게 돼 있어
이 농에
노회한 정치가 남몰래 히죽거린다

(허나 그예 찜찜함이 들어선다.
대체 누가 넘어갈 수 있단 말인가?)

견실한 종말이 힘없이 악쓴다
아무것도 지나가지 않아…!
단 하나도 그냥 넘어갈 수 없다…!
이 뻥에
쇠잔한 기억은 끝내 무릎 꿇고 만다

(그래도 묻지 않을 수 없다.
그제야 꿇린 무릎이 무슨 소용 있을까?)

2. 혁명의 시대

혁명이 폭발하는 시대다. 폭발의 주동자는 손가락이다. 글이 말보다 빠르게 써지고, 퍼지고, 사라진다. '손가락 혁명군'은 비단 특정 정치 세력 안에만 존재하는 것이 아니다. 말보다 빠른 글은 그야말로 모든 것을 혁명으로 둔갑시킬 수 있기 때문이다. 스크린을 '터치'하는 모든 손끝이 혁명군으로 활약할 수 있으며, 실제로 그렇게 하고 있다. (이제 사람들은 좀체 '화면'이라는 말을 쓰지 않는다. 스크린이라는 혁명적인 단어가 그것을 밀어냈기 때문이다. 화면은 말하자면 구체제의 유물인 셈이다. 그렇다면 이제 '레볼루션'이 '혁명'을 몰아낼 차례인 걸까?) 하룻밤 사이에 모든 것이 바뀔 수 있다. (그래야만 결과가 정의로울 것이다.) 모든 것은 어떤 측면에서든 반드시 혁명적이다. (기준이 항시 느닷없이 바뀌므로 모든 과정은 무조건 공정할 수밖에 없다.) 바뀌는 게 하도 많아서 뭐가 바뀌는지 알 수 없으며, 오직 바뀐다는 사실만이 뼈에 사무칠 정도로 거듭 각인될 뿐이다. (오늘날 우리는 정권의 차이를 전혀 알지 못하게 되었고, 심지어는 각종 정치체제의 본질마저 제대로 식별할 수 없게 되었다. 이것이 우리의 무지와 맹목 탓인지 아니면 기존 이론들의 유통기한이 다 된 탓인지는 알 수 없다. 확실한 것은, 이제 정치학도 경제학과 같은 운명에 처했다는 사실이다.) 이것은 분명 유행과는 다른 차원의 현상이다. 아니, 어쩌면 그 말의 가장 철저한 의미에서 유행일지도 모르겠다. 그러나 차분하게 유행을 관찰할 수 있는 '객관적' 거리두기는 이제 아무에게도 허락되지 않는다.

반복하건대, 유행이 아니라 혁명이다. 혁명이 폭발하고 있다. 전에 없던 금융상품이 등장하면, 그것은 엄청난 혁명이다. 기존 가전제품에 최신 기능이 추가 장착되면, 그것 역시 놀라운 혁명이다. 어디 그뿐인가. 막장 드라마의

Photo by mitchell luo on Unsplash

81

INSPIRING

역사가 '갱신'되면, 그보다 더 흥미로운 혁명은 있을 수 없다. 〈펜트하우스〉 시리즈 이후에는 과연 어떤 새로운 막장이 등장할 것인가?' 이것은 실로 첨예한(=짜릿한) 질문이다. 이 드라마는 진지한 예술을 추구하는 모든 이들이 실제로는 지극히 시대착오적인 존재, 그러니까 이를테면 '방망이 깎는 노인'에 지나지 않는다는 사실을 폭력적으로 증명해주었다. 다시 말해, 지난한 시간과 투쟁하는 일체의 예술적 실험은 광폭 혁명을 선도하는 최신 예능의 속도 앞에 다만 부복할 수밖에 없다. 오늘날 예능은 혁명의 전위다. 모든 것이 예능적 세계관에 의해 견인되는 것이다. 예능적 세계관이란 무엇인가? 그것은 무원칙 방편주의다. 바로 이 원칙 아닌 원칙 덕분에 혁명의 보편적–연속적–전방위적 폭발이 가능한 것이다. 이처럼 폭발적인 혁명이 계속 이어지지 않고 만약 중단된다면, 아마도 인류는 심각한 신경쇠약에 걸리고 말 것이다.

    끝없는 혁명이 우리를 이끈다. 일각에서는 '성인지 감수성'이라는 혁명적인 신조어가 자신의 미약했던 바리케이드를 광대한 요새로 증축하는 중이고, 다른 일각에서는 검찰 개혁의 명분 아래 아예 법질서 자체의 밑동을 마치 왕의 머리처럼 잘라내는 사업을―온갖 방해에도 불구하고―강행하는 중이다. 범상한 상표 하나가 순식간에 사회 전체를 뒤흔드는 급진적 상징으로 등극하는가 하면, 일찍이 시대를 바꾸고 역사를 만들었던 굵직한 사건들은 이제는 단지 정치적 억견을 표출하는 수단으로 전락하고 말았다. (분명히 해두자. 의도가 그렇다는 것이 아니라, 인식과 효과의 차원에서 그렇다는 말이다. 많은 경우 의도는 순수하고 거룩하다는 사실을 잘 알고 있다.) 모든 것이 상징이 될 수 있으므로, 기존의 상징들은 비루한 상투어의 옷을 입을 수밖에 없다. 익숙한 것은 절대로 환영받지 못하는 세상이기 때문이다.

    나아가 이제는 그 어떤 것도 확고한 권위를 가질 수 없게 되었다. 이런 상황에서 어떤 형태로든 권위의 부활(=장악)을 도모하는 것은 굉장히 위험천만한 짓이다. 누군가 권위에 대한 욕망을 조금이라도 내비치면, 그는 곧장 모든 혁명 세력들의 공공의 적이 된다. 과거사 논쟁이 매번 공회전할 수밖에 없는 것은 바로 이러한 이유에서다. 모두가 과거 따위는 전혀 안중에도 없다는 듯 살고 있지만, 어느 한 사람이라도 별안간 과거에 대한 정당한 인식을 참칭하면 그는 곧바로 사회의 악 혹은 암적인 존재로 찍혀 축출된다. (물론 예외는 존재한다. 그리고 바로 이 예외가 이 시대의 암흑의 핵심이다.) 무릇 혁명의 시대에 정당성의 자리는 시궁창일 수밖에 없다. 질서는 결코 올바르게 정비될 수 없을 것이다, 혁명이 끝나기 전까지는. 그렇지만 혁명은 끝나지 않을 것이다. 시쳇말로, 끝날 때까지는 끝난 게 아니므로. 언제일지 모를 그때까지는 누구도 함부로 좌표나 지도를 그려서는 안 되며 실제로 그럴 수도 없다. 섣불리 그런 시도를 했다가는 제 존재와 미래를 지탱해줄 모든 보험을 깡그리 박탈당할 것이기 때문이다. 하지만 아이러니한 것은, 굳이 그런 시도를 하지 않더라도 이미 우리 중 대부분은 보험 혜택을 받지 못할 개연성이 아주아주 높다는 사실이다. 그러나 무시도(no attempt)는 어쨌든 일단 안전하다는 느낌을 선사해준다. 그리고 어쩌면 그것으로 충분할지도 모른다. 하여, 모든 것이 와장창 변하는 와중에 결코 변하지 않을 한 가지 원칙이 있다면, 바로 이것이다. 수많은 원혼이 깃든 다음의 명령문은, 가히 역설적으로, 이 시대의 마지막 말처럼 들린다. '가만히 있으라.'

부디 과장이기를 바라지만, 그렇지 않을 거라는 강력한, 참으로 비통한 예감 아래 다음 문장을 쓴다. 지금의 세계는, 그리고 특히 한국 사회는, 수 세기 전 토머스 홉스가 상상한 자연 상태와 크게 다르지 않다. 그리고 이 유사성은 갈수록 더 증가할 것이다.

3. 인간의 본성

허구를 비웃는 증강현실 덕분에 기록은 매시 매분 가히 무한대로 늘어나고 있지만, 그와 동시에 상상을 불허할 정도로 빠르게 낡아간다. 이처럼 불균형한 속도의 네트워크 속에서 인간의 지성과 감성은 한없이 수동적-수세적인 위치로 밀려날 수밖에 없다. 이제 무기력은 인간의 본성이 되었다. 모두가 직감적으로 아는 사실이기에 생략하는 편이 옳을 테지만 그래도 구태여 덧붙이자면, 이 새로운 무기력은 타자의 고통에 공감하지 않으려는 적극적 의지를 포함하는 능력이다. (이 자리에서 상론할 수는 없지만, 미디어를 통해 종종 접할 수 있는 '돈쭐내기'의 사례는 이 진술에 대한 효과적인 반론이 되지 못한다.)

4. 단절의 표명

어느 누구도 그것으로부터 자유로울 수 없는바, 혁명에 대한 도취가 곧 무기력의 표현이라 말할 수 있을 것이다. 무기력은 이해의 노동을 회피하고 분노의 쾌락만을 추구한다. 우리 모두 하루가 멀다고 목도하는바, 참된 정치는 실종되고 삿된 치정만이 득세하는 작금의 공론장 풍경은 다름 아닌 저 집합적-주권적 무기력의 창조물이다. 이 작품의 생물학적 짝패가 바로 코로나 바이러스(COVID-19)라고 생각한다면 지나친 상상일까? 분명 그렇지 않을 것이다. 살아 있다는 사실 자체를 치욕으로 느끼게 하고, 죽음을 제대로 준비할 수 없게 한다는 점에서 양자는 놀라울 정도로 닮았다. 그렇다면 정말로 아무런 출구도 없는 것일까? 무참하게도, 그런 것 같다. 아마도 끝까지 치욕을 견뎌야 할 것이며, 아무런 준비 없이 황망히 떠나야 할 것이다.

하지만 어쩌면 실천에 옮길 수도 있을 한 가지 행동이 존재한다. 그것은 "급진적으로 단절을 표명"하는 것이다. "이 말은 결국 […] 언제 어디에서나 우리는 현 상태의 모든 것과 전쟁 중에 있다는 것이다. 우리가 인정할 수 없는 법의 치하에서, 그 가치나 진리·이상·특권들이 우리와는 무관한 사회에서 살고 있으므로, 결국 모든 영역에서 우리는 적대적 관계에 처하게 되는 것이다. 그 적은 외견상 우호적인 만큼 더욱 위험하며 어떤 형태로도, 설사 전략적 이유에서라도, 우리가 결코 타협하지 말아야 할 상대이다."❶ 20세기 프랑스 작가의 이 주장을 무턱대고 추종하거나 덮어놓고 신봉해야 할 까닭은 없다. 그러나 혹자는 그의 통찰을 자기비판(=자기초극)을 위한 참조점으로 활용할 수 있을 것이다. 블랑쇼의 진술은 홉스의 상상력이 지닌 핍진성을 그야말로 통렬히 증명한다. 그렇다고는 해도, 그것이 저 새로운

1.
모리스 블랑쇼 저, 고재정 역, 《정치평론》, 그린비, 2009년, 150쪽.

무기력증에 대한 치료제가 될 수는 없을 것이다. 그렇지만 어쩌면 진통제 역할 정도는 기대할 수 있으리라.

5. 비극의 지속

질퍽한 말들이 통념을 빚는다
우린 감정의 공동체잖아
이 뻥에
건조한 정신은 고개를 가로젓는다

(하지만 계속해서 의심이 질척거린다.
그게 맞는 건 아닐까?)

끈끈한 집단이 광기를 뿜는다
우리가 남이가!
이 악에
은퇴한 비판이 번복을 공표하려 한다

(허나 그예 허무감이 막아선다.
그렇다 한들 대체 뭘 할 수 있겠는가?)

적대적 관계가 차갑게 전한다
아무것도 바뀌지 않는다.
아무것도 그냥 지나가지 않을 것이다
이 말에
웃자란 희망이 분노로 이글거린다

(따라서 조심하지 않을 수 없다.
섣불리 희망의 무상함을 말해서는 안 되는 것이다.)

SECTION 3

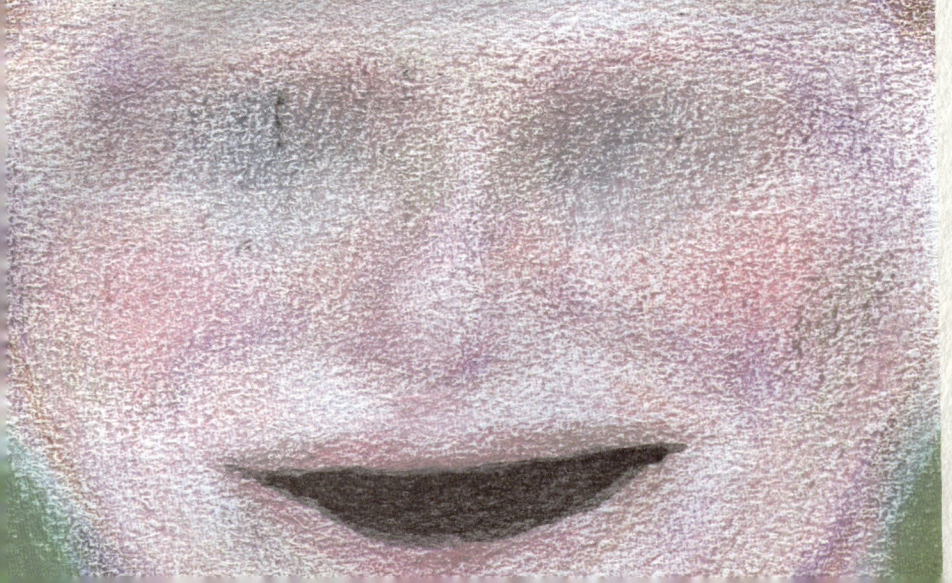

QUESTION 10 의무

잘됐네
Good for you!

김승일 시인

Illustration by JoA©

1막

시골길. 병원 침대 위에 연명장치를 착용한 누군가가 누워 있다.

매미 소리.

에스트라공 등장. 종종걸음으로 침대에 다가서서
심전도 모니터를 살핀다.

    에스트라공: 아직 살아 있구나! 축하해! 잘했어. 정말 잘했어.
                   정말. 쉽지 않았을 텐데. 잘했어. 정말 잘했어.

에스트라공, 운다.

    에스트라공: (목소리를 변조하여) 운이 좋았을 뿐이야. (사이)
                   (변조하지 않은 목소리로) 운이 좋았구나. (사이)
                 축하해! 운이 좋기도 쉽지 않지. 앞으로도 계속 운이
                 좋기를! (웃으며) 운이 좋기를! (더 크게 웃으며) 운이
                 좋기를! 어때? 웃긴 말 같아? (목소리 변조하여) 아니,
                 아직 웃긴지 안 웃긴지 모르겠어. (사이) 슬픈 건지
                 웃긴 건지 모르겠어 아직. (변조하지 않은 목소리로)
                 아직은? (사이) 어떤 시인이 상을 받아서 시상식이
                 끝나고 술집에 사람들이 모였거든. 처음 건배를 할 때
                 내가 시를 하나 낭송해줬지. 참고로 내가 외우고 있는
                 시는 이 시가 유일해. (시를 낭송한다)

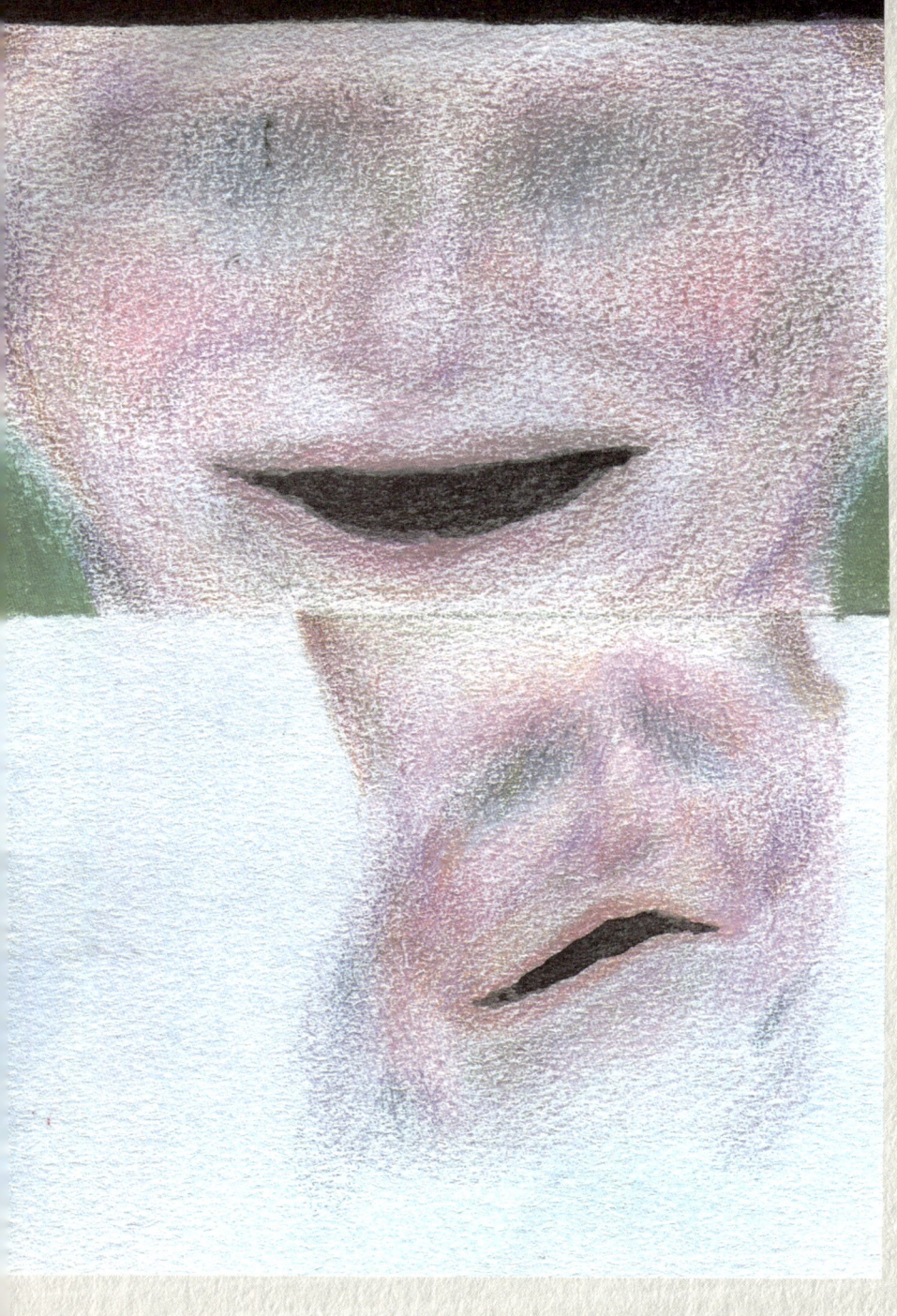

꽃다발‡

축하해
잘해봐
이 소리가 비난으로 들리지 않을 때

누군가 꽃다발을
천천히 풀 때
아무도 비명을 지르거나 울지 않을 때
그랬다 해도 내가 듣지 못할 때

나는 길을 걸었다
철저히 보호되는 구역이었고 짐승들 다니라고 조성해놓은 길이었다

‡ 김이듬, 〈꽃다발〉, 《말할 수 없는 애인》, 문학과지성사, 2011.

에스트라공: 그러곤 건배를 할 때마다 내가 외쳤어. (비아냥 섞인 목소리로) 축하해. 잘해봐. (더 크게) 축하해! 잘해봐! (사이) 축하해! 잘해봐! (웃으며) 이 소리가 비난으로 들리지 않을 때까지 계속 이 말을 반복할 거야. 축하해. 잘해봐. 어때? 아직 비난으로 들려? 그러면 안 되는데. (사이) 축하해. 잘해봐. 축하해. 잘해봐. 축하해. 잘해봐. (목소리를 변조하여) 집어치워. (변조하지 않은 목소리로) 축하해. 잘해봐. 축하해. 잘해봐. (목소리를 변조하여) 집어치우라니까!

침묵

에스트라공: 그날 그 술집에서는 다들 웃었는데. (사이) 아직 모르겠어? 웃긴지 안 웃긴지, 슬픈 건지 웃긴 건지 아직은 모르겠어? (목소리를 변조하여) 모르겠는데. (변조하지 않은 목소리로) 그럼 내가 설명해주지. (사이) 누군가에게 좋은 일이 생기면 말이야. 불행한 일도 생기지만. 좋은 일이… 생기곤 하는데… 좋은 일이… (화를 내며) 제대로 설명하려면 책 한 권은 나오겠다! (변조하여) 무슨 책? (변조하지 않고) 그 점에 대한 제 입장은 제 책 《기계용지》에 더 잘 설명되어 있습니다. (변조하여) 무슨 입장? (변조하지 않고) 저는 《우편엽서》에서 그 기묘한 장면을 조금은 잔인한 방식으로 기술하였습니다. (변조하여) 그 책을 내가 미처 읽어보지 못했구나. (변조하지 않고) 저는 그 주제를 《타자의 단일언어》에서 더 잘 설명했습니다. (사이) 그리고 그런 방향으로 많은 글을 썼습니다. 특히 《다른 곳》에서 말입니다.

에스트라공, 운다.

에스트라공: (변조하여) 왜 울고 있어? (변조하지 않고 울면서) 아무도 내 책을 안 읽은 것 같아. 내가 아직 죽지도 않았는데. (변조하여) 그래도 도서관엔 꽂혀 있겠지. (변조하지 않고) 도서관? (변조하여) 그래 제출본으로. (변조하지 않고, 흥분해서) 도서관! (사이) 아! 나 며칠 전에 도서관에서 유명한 영화감독을 봤어! 그 표정이 지독히 오만한 사람이 네가 쓴 책을 유심히 살펴보는 거야. 그러다 고개를 막 끄덕이더니. (사이) 네 책을 빌려가더라니깐? 축하해! 정말 잘됐지? (변조하여) 서점도 아니고 고작 도서관에서 책을 빌린 게 뭐 대수라고. (변조하지 않고) 아직도 독자가 남아 있는 거잖아. 그것도 유명한 영화감독이! (변조하여) 아직도? (변조하지 않고) 축하해! 잘했어. 정말 잘했어. 정말. 쉽지 않은 일인데. 부럽다 정말! 좋은 일이지? 축하해! 잘해봐! (사이) 축하해!

침묵

    에스트라공: 축하해! (사이)
                   너무 행복해!

침묵

에스트라공,
종종걸음으로 침대에 다가서서
심전도 모니터를 살핀다.

    에스트라공: 아직 살아 있구나. (사이)
                   여기선 내가
                   슬픈지 행복한지 모르겠어.

막이 내린다.

사이

에스트라공이 막 사이로
얼굴을 내민다.

    에스트라공: 축하해

SECTION 3   94

2막

같은 장소.

귀뚜라미 소리.

에스트라공 등장. 탭댄스를 추며 무대를 이리저리 돌아다니기 시작한다. 별안간 멈춰 선다. 목청을 높여 노래를 부르기 시작한다.

음정이 맞지 않았기에 기침을 하고 다시 노래를 부른다.

   에스트라공: 복권에 당첨되었네….

   에스트라공: 복권에 당첨되었네. 무려 4등에.
         당첨금을 받으려고 길을 나섰지.
         길에서 아는 사람을 만났네.

         안녕하쇼. 오늘 저는 4등입니다.

         잘됐네요. 저는 요즘 사는 게 너무 좋아요.
         멋진 사람이 제게 매일 사랑한다고 말한답니다.
         저도 매일 사랑한다고 말한답니다.

에스트라공은 노래를 멈추고 생각에
잠기더니 다시 시작한다.

        에스트라공: 축하합니다! 축하합니다! 축하합니다!
                         고마워요! 고마워요! 고마워요!
                         길에서 아는 사람을 만났네.
                         안녕하세요. 4등에 당첨되었습니다.

                         잘됐네. 나는 오늘 합격 통보를 받았어요.
                         회사가 나를 필요로 한다네요.
                         월급을 준다네요. 내일부터 나오라네요.

                         축하합니다! 축하합니다! 축하합니다!
                         고마워요! 고마워요! 고마워요!

노래를 멈춘다.

        에스트라공: 길에서 아는 사람을 만났네!
                         안녕하세요! 복권 4등에 당첨되었습니다.

노래를 멈춘다.

에스트라공: 복권에 당첨되었습니다. 4등입니다!

에스트라공 무대를 이리저리 왔다 갔다 한다. 왔다 갔다 한다. 멀리서 누가 오는지 살핀다. 왔다 갔다 한다. 종종걸음으로 침대에 다가서서 심전도 모니터를 살핀다.

에스트라공: 아직 살아 있구나! 축하합니다! 축하합니다! 축하합니다! (사이) 난 오늘 4등이란다! (변조하여) 잘됐네. (변조하지 않고) 마음껏 축하해도 괜찮아! (변조하여) 잘됐다니까. (변조하지 않고) '축하해'라고 해봐. (변조하여) 잘됐다. (변조하지 않고) 축하한다고 해봐. 아직, 축하하지 않더라도. (변조하여) 난 시키는 대로 하는 거 딱 질색이야. (변조하지 않고) 그건 그렇지. (침묵) 미안해. (사이) 어쨌든 나는 행복해! 네가 아직 여기 있잖아! (변조하여) 넌 늘 뭔가를 바라는구나. (변조하지 않고) 여기 있는 게 싫어졌어? (변조하여) 내 생일은 아직 한 달이나 남았는데. 너는 벌써부터 호들갑을 떨고 있잖아. (변조하지 않고) 아! 생일! 축하해! 이제 곧 생일이구나!

에스트라공, 운다.

에스트라공: (변조하여) 이제 곧 겨울이다. (변조하지 않고, 눈물을 거두며) 넌 겨울을 좋아하지! 축하해! 이제 곧 겨울이구나! (변조하여) 매미가 울지 않으니까. (변조하지 않고) 귀뚜라미도 울지 않고! (변조하여) 너도 덜 울고. (변조하지 않고) 겨울엔 19시간씩 잠을 자니까. (변조하여) 웃기도 덜 웃고. (변조하지 않고) 고양이는 웃지 않으니까. (변조하여) 고양이는 겨울잠을 자지 않는다. (변조하지 않고) 개구리도 웃지 않으니까. (변조하여) 왜 웃지를 않지? (변조하지 않고) 자고 있으니까. 지금 막 무언가가 끝난 것처럼. 곧 무언가가 시작될 것처럼. 나는 짐승들 옆에서는 살금살금 걷는다. 잠에서 깨지 않도록. 함부로 쓰다듬지도 않아. 겨울잠에서 깨버리면 큰일이니까. 축하도 속으로 한다. 축하해. 무언가를 하나 끝냈구나. 잘했어. 정말 잘했어. 잘 잔다. 우리 아가. 우리 할머니. 자장자장. 잘도 잔다. (변조하여) 왜 나한텐 시끄럽게 구는 거야? 손 씻을 때마다 생일 축하 노래를 부르는 거야? (변조하지 않고) 깨워도 일어나지 않으니까. 혹시 자고 있는 게 아닐까 봐. 혹시 일어나지 않을까 봐. (변조하여) 아, 그렇구나.

막이 내린다.

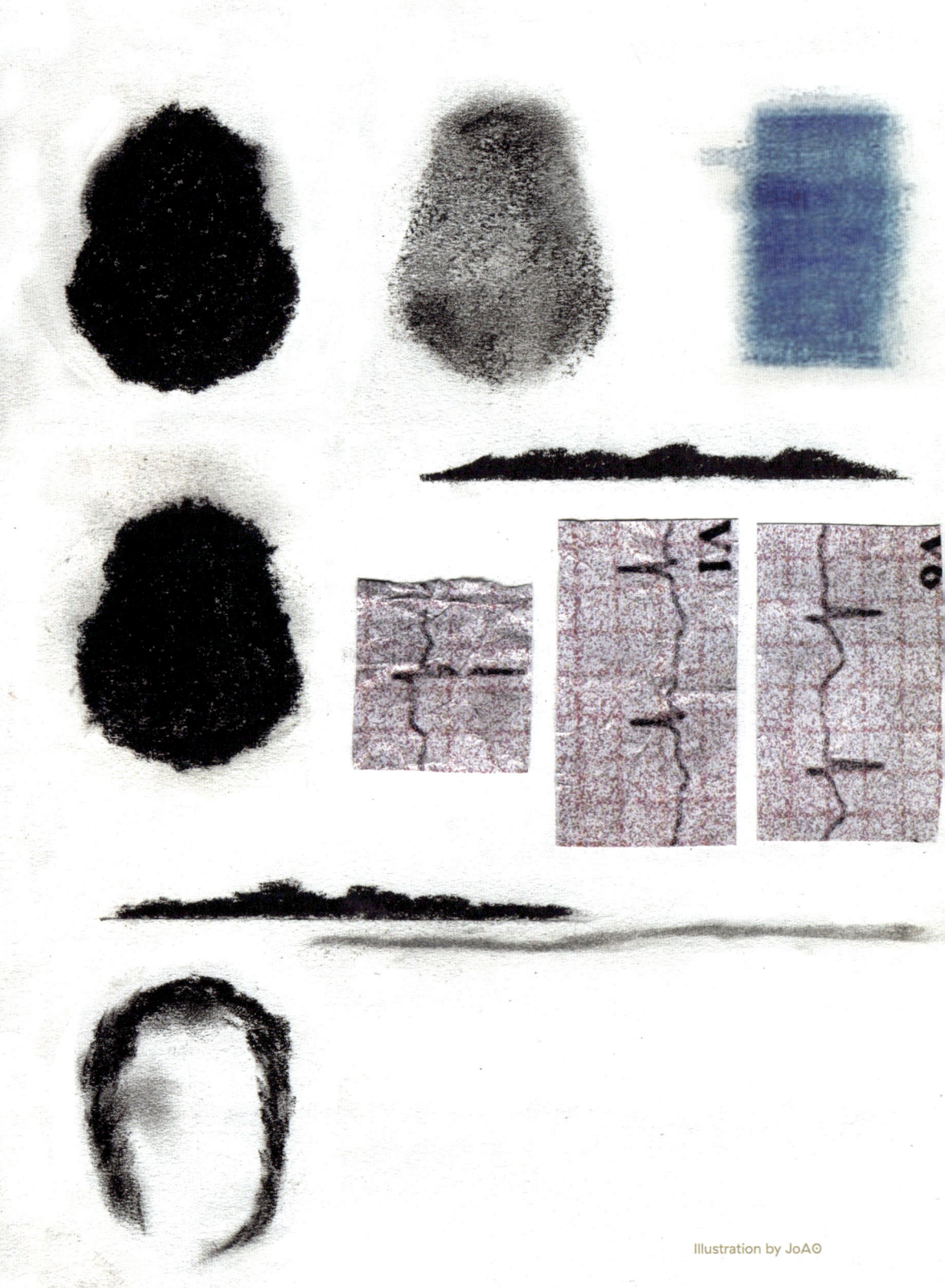

Illustration by JoA©

3막

같은 장소.

심전도 소리.

막이 내린다.

사이

에스트라공이 막 사이로 얼굴을 내민다.

    에스트라공: 축하해!

4막

시골길. 병원 침대 위에 연명장치를 착용한 누군가가 누워 있다. 침대 아래 누군가가 누워 있다.

심전도 소리.

    목소리: 나 아직 자고 있어. 아직 살아 있어.

      사이

         목소리: 잘됐네.

        사이

              목소리: 축하한다고 해야지.

사이

목소리: 난 시키는 대로 하는 거 딱 질색이야.

사이

목소리: 조금 알 것도 같아.　　(사이)
이게 웃긴 건지 안 웃긴 건지.

사이

목소리: 잘됐네.

사이

사이

목소리: 축하한다고 해야지.

막이 내린다.

심전도 소리. 코 고는 소리.

끝.

Illustration by JoA©

후기 – 초급극작워크숍

희곡을 썼다. 제목은 〈잘됐네〉. 부조리극으로 쓰지 않으려고 했고, 사변적으로 흐르지 않기를 바랐는데 완전히 실패하고 말았다. 찬찬히 읽어보면 미소가 지어지고, 고개가 조금 끄덕여지기에 그냥 송고했다. 웃긴 작품을 쓰려는 것인지 슬픈 작품을 쓰려는 것인지 판단이 서지 않았는데, 무작정 웃겼으면 좋겠다고 바라면서 첫 대사를 썼다. 첫 대사를 아내에게 보여주면서 웃기냐고 물었는데 아직 웃긴지 안 웃긴지 모르겠다고 했다. 웃긴지 슬픈지 모르겠다고 했다. 나는 바로 다음 대사에 아내의 말을 넣었다. 그리하여 나는 웃기지 않아도 되었고 슬픔을 쥐어짜지 않아도 되는 사람이 되었다. 불안이 사라지고도 다른 불안이 계속 등장하였다. 나는 그것들을 어떻게든 지웠다. 대화의 연속에서 불안은 쌓인다. 대화가 정말로 대화일 때. 불안은 대화의 연속에서 지워진다. 그래서 나는 내가 쓴 멍청한 글을 희곡으로 부를 수 있었고. 마감 기한은 이미 한참 지났는데. 그래서 참 괴로웠는데. 그 괴로움을 잠재울 수 있었다.

  이번에 희곡을 쓰는 동안 엄청나게 많은 책과 글을 읽었다. 대부분 누군가 번역한 논문이었다. 나는 팬데믹에 대해서 쓰고자 했고, 그러다가 애도에 관해서 쓰고자 했고, 그러다가 철저히 보호되는 구역에 대해서, 끝과 시작 사이에 있는 어떤 공간에 대해서 쓰고자 했다. 그것들을 아주 조금씩 다뤘다. 다루지 않느니만 못하게 다뤘다. 극작과에서 수업을 들으며 배웠던 것들은 무대를 만들고, 캐릭터를 만들고, 그들의 갈등을 다루며, 그들이 시대와 맺고 있는 관계를 다뤄야 한다는 아주 기본적인 극작술이었다. 언제나 처음엔 그 기본적인 것들을 사용해서 무언가 쓰고자 하고, 완전히 실패한다. 다음엔, 다음엔, 초급극작워크숍 교수가 만족할 수 있는 희곡을 쓰고 싶다. 다음엔. 다음이 없다면 그런 희곡을 쓸 수 있을까.

QUESTION 11
언어

다중 우주,
아니 다중 언어를 상상하라
Into the
multiple lingual world

백승주
언어학자

우주와 언어

우주를 생각한다.
 물리학자처럼 우주의 원리를 탐구하는 게 아니다. 내가 우주를 생각하는 이유는 아들 녀석이 빠져 있는 〈플래시〉라는 미국 드라마 때문이다. 나는 거실을 '오다가다' 이 드라마를 보게 되는데, 거기에 등장하는 인물 중 웰스 박사라는 이가 있다. 주인공 플래시를 돕는 척하지만 사실 악당인 웰스 박사는 드라마에서 죽음을 맞이한다.
 그런데 지나가다 보니 죽었던 웰스 박사가 다시 등장해 있다. 헤어스타일과 옷차림새가 달라지긴 했지만 분명 웰스 박사다. 어찌된 일인지 아들에게 묻는다.

"다른 우주에서 왔지."

심드렁하게 아들이 대답한다. 뭐 그런 당연한 거까지 물어보냐는 투다. 이 드라마에서는 우주가 여러 개이고 따라서 웰스 박사도 여러 명이다. 그러고 보니 아들이 제일 좋아하는 영화 〈어벤져스〉 시리즈도 그렇다. 〈어벤져스〉의 내용을 요약하자면 이 우주, 저 우주, 그 우주 온갖 우주에서 온 슈퍼 히어로들과 슈퍼 악당들이 지구에 모여 서로 치고받는 것이니까. 이러니 〈어벤져스〉 시리즈를 모두 섭렵한 아들에게 우주란 하나의 우주인 유니버스가 아니라 당연히 멀티버스, 곧 다중 우주일 것이다.
 하지만 내게 우주는 하나였다. 슈퍼맨의 고향별인 크립톤 행성은 지구로부터 50광년 떨어져 있고, 〈스타워즈〉는 '오래전 멀고 먼 은하계' 저 너머의 이야기다. 그러나 그 우주는 내가 속한 나의 우주다. 내게 우주는 하나밖에 없었으니까.
 내가 속한 우주의 저 반대편, 그곳에서 산다는 제다이 기사들의 '포스'를 생각하다, 문득 우주의 언어에까지 생각이 미친다. 단일한 우주이기는 하지만 그 끝을 알 수 없는 광대한 우주. 얼마나

먼 곳에서 일어난 일인지 보여주기 위한 장치로 〈스타워즈〉에서는 외계인들이 영어가 아닌 온갖 종류의 다른 언어를 구사한다. 이를테면 〈스타워즈〉의 우주는 다중 언어의 세계다. 이와 달리 〈어벤져스〉의 우주'들'에서는 영어라는 단일한 언어가 사용된다. 우주의 끝 타이탄 행성에서 온 최강의 악당 타노스도 영어를 사용하고, 아스가르드의 토르도 영어를 사용한다. 〈어벤져스〉의 세계는 다중 우주이지만 단일 언어가 사용되는 곳이다. 하지만 내가 보기에 이건 인피니티 스톤 여섯 개를 모아도 할 수 없는 일이다. 여러 우주의 언어를 하나로 통일하다니, 그것이야말로 가장 강력하고 엄청난 '포스' 아닌가?

여러 개의 '코리안들'

당신은 우주가 하나라고 생각하는가 아니면 여러 개의 다른 우주가 존재한다고 생각하는가? 이론물리학자가 아니라면 대부분의 사람들에게 이 질문은 믿거나 말거나의 문제다. 그렇다면 이런 질문은 어떤가?

"당신은 단일 언어의 세계에서 사는가
아니면 다중 언어의 세계에서 사는가?"

당신이 한국인이고, 한국에서 의무교육을 받은 사람이라면 거의 자동적으로 단일 언어의 세계에 산다고 답할 것이다. 세계에서 단일 민족과 단일 언어를 유지하는 몇 안 되는 나라. 아아, 대한민국, 자랑스러운.

이 단일한 언어는 우리들 머릿속에 '국어'라는 이름으로 표상된다. '국어'는 체제다. 국가를 구성하는 모든 국민이 모든 장면에 동일한 언어를 사용할 것을 요구하는 체제. 그리하여 이 체제는 언어를 철저하게 동질화하고 평준화시키려 한다. 그리하여 '한국인 모두가 하나의 국어를 사용하고 있다'는 명제는 '지구에 중력이 존재한다'는 말만큼이나 한국인들에게 객관적이고 명백한 사실이다.

그러나 이 명백한 사실은 중력만큼 강력하지는 않다. 국어가 오염되고 있다느니 아름다운 우리말을 지켜야 한다느니 하는 말들이 이를 증명한다. 그러니까 균질하고 단단한 하나의 실체인 국어를 위협하는 다른 말들이 있다는 뜻이다.

나의 경우 대학 시절 항상 붙어 다니던 친구에게 처음으로 편지를 쓸 때 다른 말들의 존재를 깨달았다. 편지에 뭐라고 썼는지 그 내용은 하나도 기억이 나지 않지만, 편지를 시작할 때 당혹감은 지금도 생생하게 기억난다. 그 당혹감은 제주 방언으로 소통하던 친구에게 편지를 쓸 때 제주 방언을 사용할 수는 없다는 사실에서 온

감정이었다.

망설임 끝에 나는 친구를 '자네'라고 호명하며 말끝마다 '뭐뭐 하네, 뭐뭐 할 걸세, 뭐뭐가 있네' 이렇게 썼다. 기형도 산문집에서 읽은 편지투를 따라한 것이다. 그렇게 쓰지 않으면 뭔가 죄를 짓는 것 같았다. 내가 생각하기에 내가 쓰는 제주 방언은 '국어'가 아닌 말, 문자로 쓰일 자격이 없는 말이었기 때문이다. 내 안에 국어가 아닌 다른 이질적인 언어가 있다는 것을 생생하게 깨닫고 화들짝 그 언어를 욱여넣는 순간이었다. 그 순간 국어는 나에게 하나의 정체성만 가질 것을 명령했다. 그 명령에 따라 나는 제주어 화자로서의 정체성을 버렸다. 그렇게 나는 나 자신을 검열하고 스스로를 타자로 만들었다.

자기 자신조차 타자로 만드는 이런 균열의 순간들을 외면하지 않다 보면 하나의 한국어가 아니라 많은 한국어'들'이 있다는 사실을 직시하게 된다. '한국어'라는 표현도 적절치 않다. 차라리 코리안(Korean)이라는 말이 더 정확할 것이다. 북한의 조선어와 중국 지역의 조선어, 일본 지역의 조선어, 구소련의 고려말, 미국 LA 지역의 한국어 등과 같이 남한의 영토를 벗어난 곳에 존재하는 코리안들도 있기 때문이다. 그리고 이 '코리안'들은 남한의 한국어와는 다르다.

이러니저러니 해도 결국 같은 말 아니냐고 반문할 수도 있을 것이다. 문법 같은 것도 같을 테니까 말이다. 그러나 이 코리안들은 문법도 완전히 일치하지 않는다. 대표적인 것이 부정 표현이다. 남한어 문법에서는 '안/못'이 결합한 부정문을 다음과 같이 나타낸다. '빗방울이 안 떨어지다', '말을 못 알아듣다'. 하지만 북한어에서는 '빗방울이 떨어 안 지다', '말을 알아 못 듣다'와 같이 부정 표현을 사용한다.

이처럼 우리가 아는 한국어는 하나의 한국어가 아니다. 슈퍼 히어로의 세계가 다중 우주로 구성되어 있는 것처럼 우리는 다중 한국어의 세계에 산다.

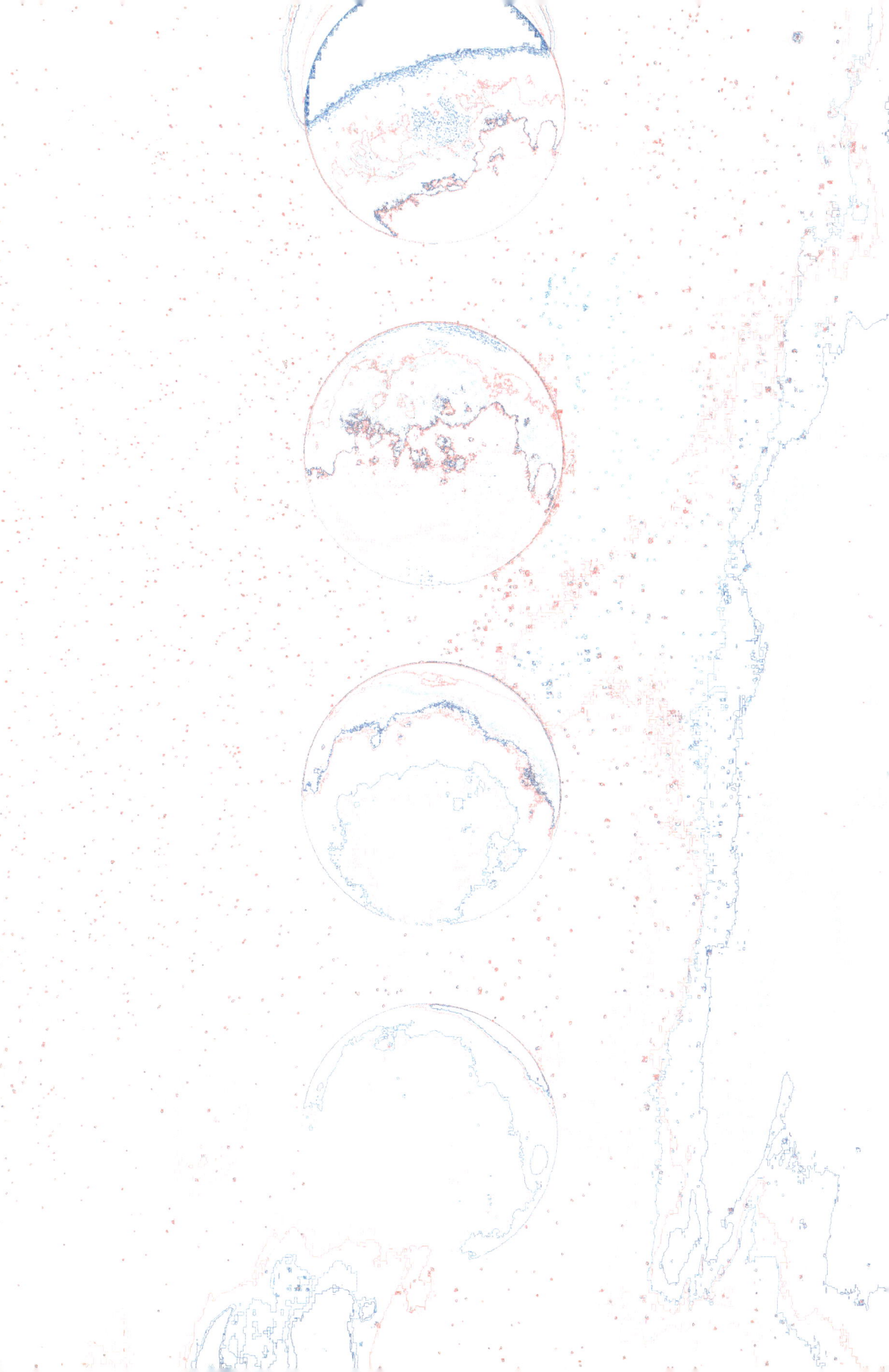

한국어는 누구의 것인가?
한국의 언어는 무엇인가?

실제로는 다중 한국어의 세계에 살지만 단일한 언어로 호명되는 '국어'라는 이름은 현실의 수많은 다른 한국어들을 그 이름 아래로 사라지게 만든다. 더불어 다른 한국어를 쓰는 우리 자신을 타자화한다. 그 이유는 국어라는 단일 언어 이데올로기가 하나의 언어, 하나의 영토, 하나의 민족이라는 강력한 삼위일체의 신앙 위에서 작동하기 때문이다. 즉 '국어'는 국민 모두가 같은 상황에서 같은 말을 할 것을 기대하는 근대 국민국가의 헤게모니 장치다.

하나의 언어, 하나의 영토, 하나의 민족이라는 강력한 환상은 근대 국민국가의 형성을 이끌었다. 그러나 이 강력한 환상도 인간이 통제할 수 없는 재난 앞에서는 무기력하게 무너진다. 1995년 한신·아와지 대지진 때의 일본이 그렇다. 당시 외국인 피해자가 상당수 발생했는데 외국인들이 제대로 재난 정보를 전달받을 수 없었던 까닭이 컸다. 그 이후 일본에서는 일본어 비모어 화자들을 위한 '쉬운 일본어' 보급 운동이 일어났다. 삼위일체의 환상만으로는 사람의 목숨을 구할 수 없기 때문이다. 일본 땅에서 일본어를 할 줄 모른다고 마땅히 죽어야 하는 사람은 없다.

사상 초유의 팬데믹 사태를 맞이한 한국의 경우는 어떠한가? K방역이라는 이름으로 재난에 맞서고 있지만, 방역에서 중요한 역할을 하는 긴급재난 문자시스템에서 제공되는 언어는 한국어뿐이다. 아무도 이것을 문제라고 생각하지 않겠지만 이것은 문제다. 왜냐고? 전염병의 대유행이라는 재난이 우리에게 알려준 제일 큰 교훈을 상기해보자. 그 교훈은 '국적, 인종, 성별, 사용 언어 등등을 떠나 우리는 모두 연결되어 있다'는 점이다. 즉 전염병이라는 재난의 특징은 한 개인의 행동이 공동체 전체를 위험에 빠뜨릴 수 있다는 것에 있다. 방역의 성공은 공동체의 구성원들에게 정확하고 신속하게 전염병 정보를 제공함으로써 구성원들이 적절한 행동을 취하게 하는 것에서 시작된다. 그런데 그 정보가 한국어로만 유통이 되는 것이다.

여기서 두 개의 질문을 던져보자. 한국어는 누구의 것인가? 한국의 언어는 무엇인가? 이제 이 질문의 대답을 올바르게 하는 것이 한국 사회의 안녕과 직결된다는 점을 이해할 것이다. 이 두 질문에 대해 한국 방역 체계의 운영자들은 '한국어=한국 영토=한국 국민'이라는 잘못된 대답을 했다. 한국어는 한국어를 모어로 하는 한국인만의 것이고, 한국에는 한국어만 존재한다는 인식이다.

그러나 한국어는 한국인만의 것이 아니다. 한국에는 250만 명에 달하는 이주민들이 살고 있다(2020년 2월 기준). 모어가 다른 이주민들 사이에서는 공통어로 한국어가 사용된다. 이 한국어는 원어민 한국어 화자가 아닌, 비원어민이 만들어가는 새로운 한국어다.

한국에 한국어만 존재하는 것도 아니다. 이주민들은 자신들의 모어를 사용하는 언어공동체를 이루며 살고 있다. 내가 사는 동네의 빨래방에만 가도 베트남어, 러시아어, 중국어, 한국어 안내가 붙어 있다. 이 언어들은 한국 사회 내에서 따로국밥처럼 존재하는 것이 아니라 서로 섞이고 넘나들며 새로운 언어 현실을 만들어낸다.

이 언어 현실 속에서 사는 사람들은 하나의 고정된 정체성이 아닌, 유동적이며 혼종적인 복수의 정체성을 가지고 있다. 이 현실 속 누군가는 서툰 한국어를 구사하는 한국인이자 유창한 베트남어 화자일 수 있고, 러시아어를 사용하는 사람의 이웃일 수 있다. 그런데 이런 현실에서 언어적 차이는 장애나 결핍이 아니라 소통을 위한 자원이 된다. 그렇게 이 땅의 여러 언어들은 사람들과 함께 섞이며 새로운 언어 현실을 만들어내는 중이다.

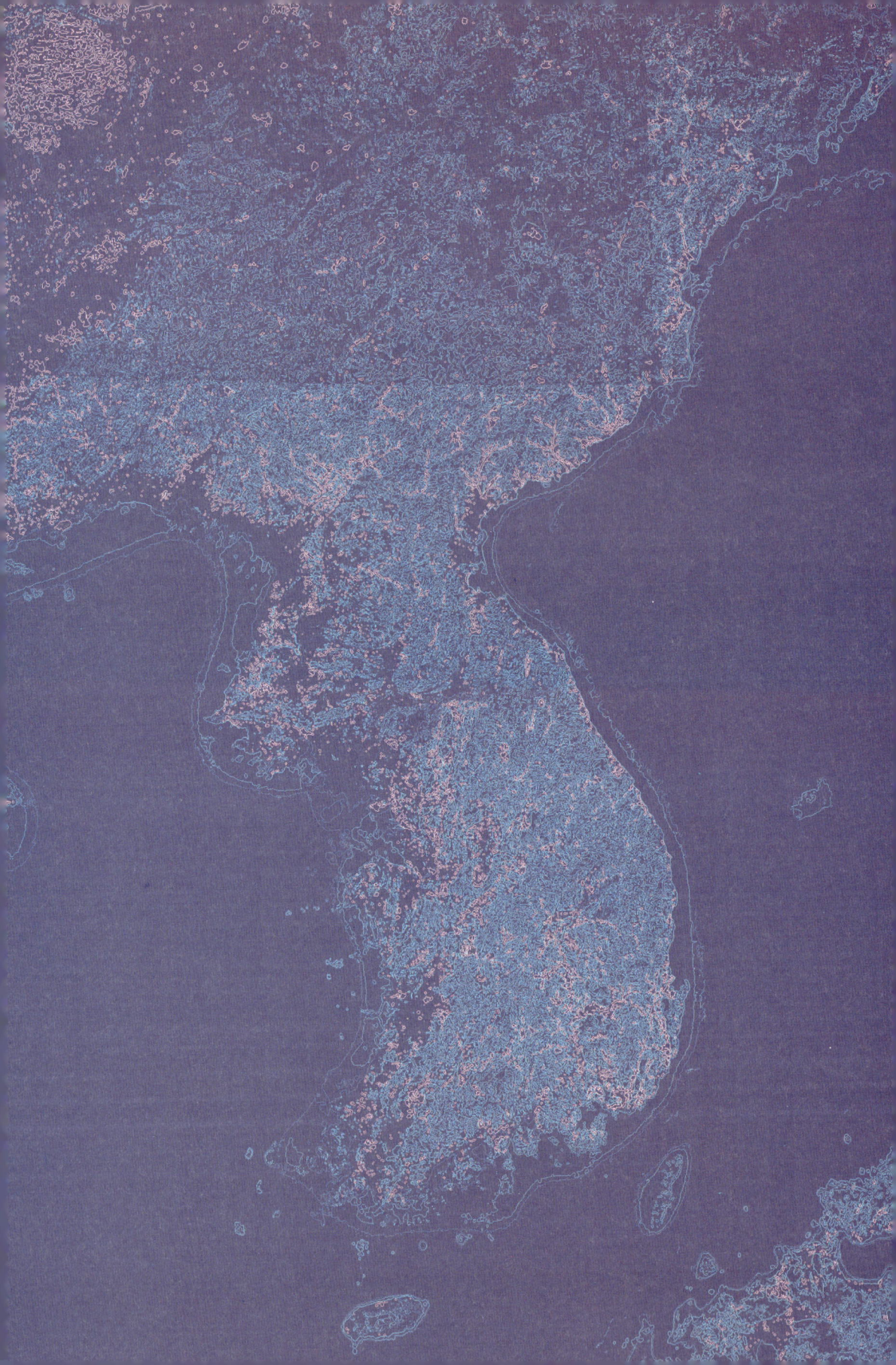

새로운 시작 :
단일한 언어, 국어라는 상상을 넘어서

국어라는 체제의 토대, '한국어=한국 영토=한국 국민'이라는 도식은 이런 현실을 문제나 오염으로 규정하고 애써 외면하거나 은폐한다. 이 삼각형 도식은 마의 버뮤다 삼각지대만큼이나 무시무시해서 우리가 복수의 언어적 정체성을 가질 수 있다는 사실 자체를 망각하게 한다. '다문화'에 대한 담론은 홍수를 이루지만 '다중 언어'에 대한 논의는 거의 이루어지지 않는 이유다. 그러나 이처럼 다른 문화를 인정하지만 한국 땅에서 다른 언어는 인정할 수 없다는 태도는 모순이다. 한 사람의 정체성은 그의 언어와 떼어놓을 수 없기 때문이다. 이렇게 국어 체제는 끊임없이 우리 안의 타자를 만들어내고, 그들의 목소리를 억압한다.

국어로 표상되는 단일 언어 이데올로기는 이처럼 한국어가 아닌 다른 언어를 사용하는 약 5퍼센트의 한국 사회 구성원들을 간단하게 지워버린다. 타노스가 손가락을 튕기는 것만큼이나 간단하다. 문제는 이들을 지워버렸다고 해서 이들의 존재가 사라지는 것은 아니라는 점이다. 우리 앞의 재난을 다시 상기해보자. 이 땅의 재난은 한국어를 사용하는 한국인들한테만 들이닥치는 게 아니다. 또 누군가가 한국 땅에서 한국어가 아닌 다른 언어를 사용한다고 해서, 그가 마땅히 재난의 피해자가 되어야 하는 것은 아니다. 다시 말하지만 우리는 모두 연결되어 있다. 다른 언어를 사용하는 누군가도 우리의 일부이고, 그의 재난은 곧 우리의 재난이 될 것이다.

한국인들에게 국어는 자명한 것, 자연과도 같은 것이다. 그러나 국어는 어디까지나 상상되고 발명된 것이다. 이제 국어라는 단일 언어 이데올로기의 상상을 뛰어넘을 때가 되었다. 그 상상이 이 땅에 하나의 언어만 있지 않다는 것, 다양한 언어, 다양한 우리가 존재한다는 사실을 인식하지 못하게 만들기 때문이다.

우리의 우주가 다중 우주라면, 그 많은 우주에서는 모두 다른 말들이 사용될 것이다. 멀리 은하계 저편까지 가지 않아도 된다. 우리가 발붙이고 살고 있는 이 땅의 현실이 바로 그렇다. 그러니 이제 새로운 우리, 새로운 한국어들, 새로운 한국의 언어들을 상상할 때가 되었다. 우리가 새롭게 시작해야 한다면 그 시작은 바로 이런 상상과 함께여야 한다.

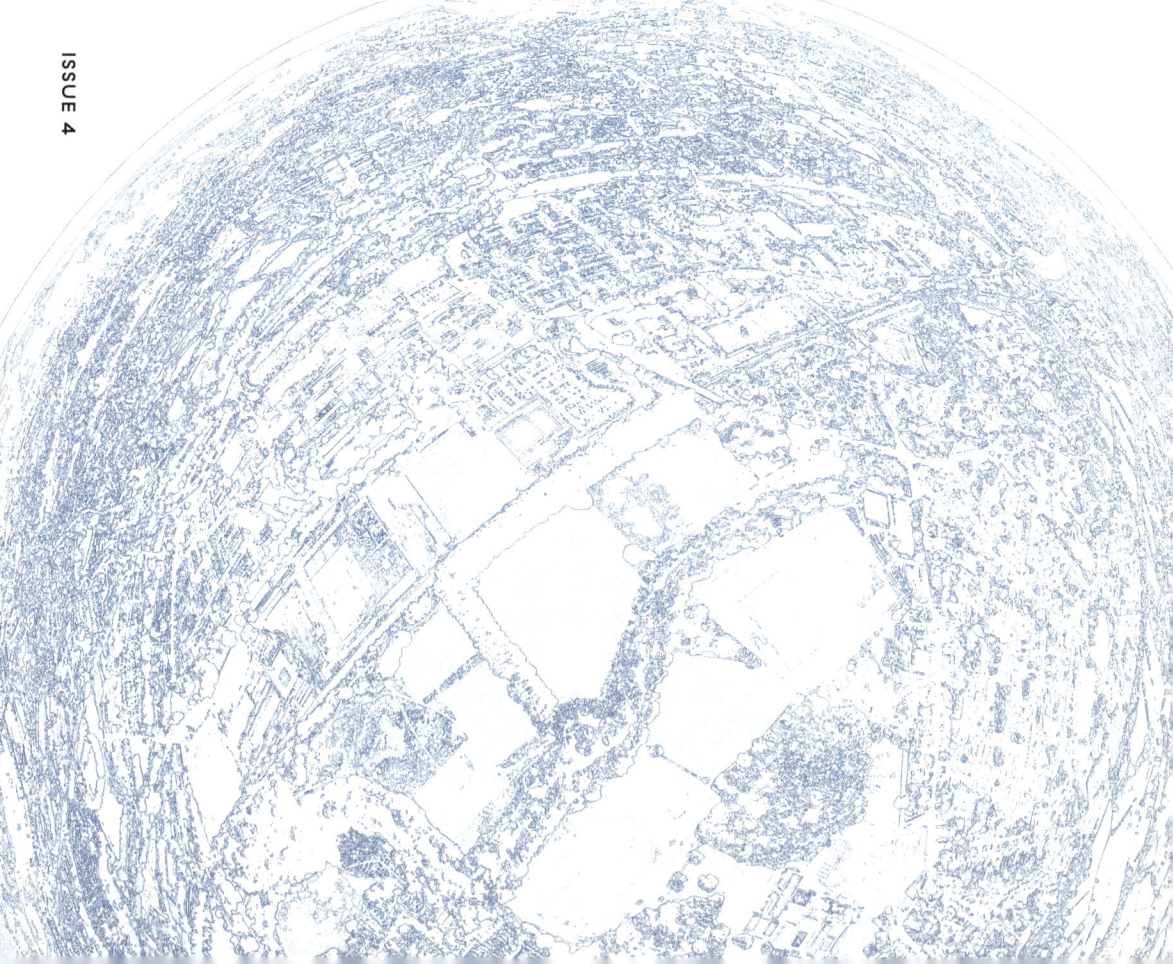

스트레인저
싱스

기묘한 나와
더 기묘한 사회의
심리학 - 2

어린이와
어른의 경계

박한선
신경인류학자

'중세에는 어린이 시기라는 개념이 존재하지 않았다.' 아마 이런 유의 주장을 한 번쯤 들어본 적 있을 것이다. 프랑스 출신의 사회학자 필리페 아리에스(Philippe Ariès)의 말이다. 그에 따르면 어린이는 '발명'되었다. 대충 이런 식이다. 오랜 세월 동안 어린이는 단지 '작은 어른'이었다. 17세기 이후 다양한 사회경제적 변화와 우여곡절이 있었지만, 결국 아동에 대한 인식이 바뀌었다. 어린이는 '장난감'과 '아동복'을 가지게 되었다. 하지만 동시에 장기간의 학업에 시달려야 했고, 다양한 규율의 통제를 받아야 했다….

동의하는가? 당시 아리에스의 주장은 제법 많은 호응을 받았다. 그러나 지금은 아니다. 미심쩍게 보는 사람들이 적지 않다. 일단 근거가 빈약하다. 아리에스는 가족 초상화를 증거로 들면서, "어른 옷과 아이 옷이 똑같지 않느냐"고 주장했다. 하지만 그건 초상화를 그릴 때 더 근사하게 보이려는 방법에 불과했다. 실제로 내가 어릴 적만 해도 가족사진은 사진관에서 찍었고, 사진관에는 '어른스러운' 어린이용 양복과 드레스가 비치되어 있었다. 아마 여러분의 유치원 졸업 사진은 종종 학사모 차림일 텐데, 수백 년 후 학자들이 '21세기에는 유치원 졸업과 대학 졸업이 동격이었다'고 결론 내리면 곤란한 일이다.

연구 방법도 그렇지만 일단 직관에도 맞지 않는다. 그렇다면 송아지와 망아지도 사회적으로 구성된 것인가? 수많은 포유류는 독특한 유년기를 거친다. 인간도 마찬가지다. 물론 유아기와 청소년기, 성인기의 사회적 기준은 시대와 조건에 따라 조금씩 달라질 수 있다. 하지만 아동기와 청소년기 자체를 사회의 발명품이라고 할 수는 없다. 사회가 '발명'되기 이전부터 인류는 긴 유년기를 '발명'했기 때문이다.

이차적 만숙성

만숙성(altriciality)이 뭘까? 만숙성의 반대말은 조숙성(precociality)이다. 갓 태어난 새끼의 발달 정도를 일컫는 말이다. 병아리를 부화시켜 본 사람은 알겠지만 조숙성 동물은 태어나자마자 제법 잘 돌아다닌다. 삐악삐악 소리를 내면서 어미 닭을 쫓아다니고 모이도 쪼아 먹는다. 소나 말 같은 유제류(有蹄類)도 마찬가지다. 송아지나 망아지는 유모차가 필요 없다. 침팬지를 비롯한 영장류도 조숙성을 보인다.

그런데 인간은 영장류지만 분명한 조숙성을 보이지 않는다. 갓난아기를 보라. 무척 연약하다. 두 발로 걷기는커녕 목도 제대로 가누지 못한다. 이런 차이는 비교적 최근에 일어난 일이다. 침팬지와 인간이 갈라설 무렵이다. 아주 오랜 과거, 인류가 아직 인류가 아니었던 신생대 중기에는 조숙성을 보였다. 그러다가 '어떤 이유로' 만숙성이 시작되었다. 그러면서 긴 유아기도 같이 시작되었다. 최초의 인류는 '아기'였다.

아기는 아주 연약하다. 머리뼈도 약하고 턱뼈도 약하다. 그래야 엄마 몸에서 나올 때 골반에 걸리지 않는다. 턱 근육은 머리뼈에 붙는다. 머리뼈가 약하니 턱도 약하다. 갓난아기에게 마른오징어를 주면 안 되는 이유다. 면역기관도 소화기관도 약하다. 심지어 체온조절도 잘 안 된다. 장기간 어머니의 보살핌을 받아야만 겨우 생존할 수 있다. 몇 년 이상 어머니에 '기생'해 살아간다.

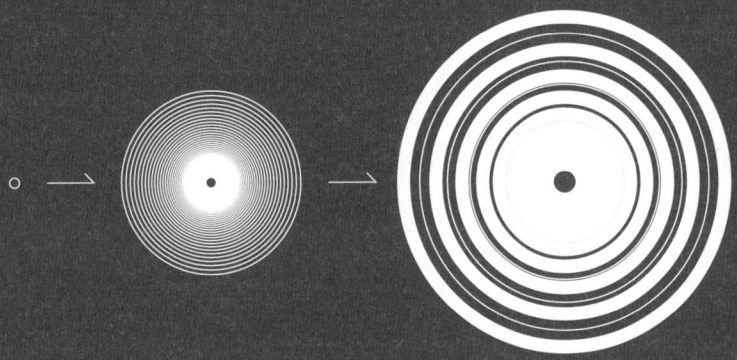

수백만 년 이상 지속된 '이차적 만숙성'은 다양한 정신적 형질을 낳았다. 이차적 만숙성이란 조숙성을 보이는 일반적인 영장류의 생애사적 특징에 더해서, 호미닌이 진화하면서

'이차적'으로 만숙성이 다시 진화했다는 뜻이다. 덕분에 어떤 형질은 조숙성, 어떤 형질은 만숙성을 띤다. 이로 인해 아주 독특한 정신적 형질이 진화했다.

　　　　구석기 시대에는 인류의 대략 절반이 청소년기 이전에 죽었다. 생존과 번식이 지금보다 훨씬 어렵던 시기다. 아기와 어머니는 서로를 위해 전력을 다했다. 깊은 애착이 나타났다. 아기는 어머니 곁에 찰싹 붙어 있으려고 했고, 어머니도 아기를 꼭 껴안고 있으려고 했다. 너무 독립적인 아기는 곧 죽었고, 너무 냉담한 어머니는 후손을 볼 수 없었다. 애착이 강한 아기는 애착이 강한 부모가 되었다. 수십만 세대를 거치면서 인간의 마음에 강력한 애착이 공고하게 굳어졌다.

　　　　양방향의 초기 애착 관계는 수년 이상 지속된다. 영유아기를 규정하는 가장 중요한 진화적 형질이다. 아기가 보이는 다양한 인지, 정서, 행동 양상을 관통하는 하나의 키워드는 바로 '애착을 통한 자원 획득'이다. 예를 들어 '울기'는 아기의 전유물과 같은데, 어른과 달리 '슬퍼서' 우는 것이 아니다. 양육자의 관심을 유도하여 신체적, 정서적 욕구를 충족하려는 것이다. '웃음'은 어떠한가? 역시 양육자와의 교감을 증진하는 행동이다.

아이들은 귀엽고, 연약해 보이도록 진화했다. 물론 어머니는 이에 대응하여 아이의 귀여움을 더 잘 인지하고 기꺼이 보살피도록 진화했다. 여성은 남성보다 '귀여움'을 더 잘 인지하고 '귀여움'에 더 쉽게 반응하는데, 남녀 간의 양육 관련 선택압이 달리 작용했기 때문이다. 아이들은 점점 귀여워지고, 어머니는 점점 귀여운 것을 좋아하도록 진화했다. 생존과 번식을 위한 '큐티 연합'이라고나 할까?

이처럼 어린이는 어른과는 질적으로 다른 생각, 느낌, 행동을 보인다. 어린이가 단지 작은 어른이 아닌 첫 번째 이유다.

유예 적응

영유아기는 그렇다고 해도 아동기에 접어든 어린이라면 좀 다르지 않을까? 젖을 뗐었다면 이제 하루바삐 '어른스러워'지는 편이 더 유리할 것 같다. 사실 빨리, 쑥쑥 자라는 영재에 관한 대중적 믿음은 뿌리가 아주 깊다. 영유아기의 높은 사망률에 대한 반작용인지도 모른다. 우리 아이가 얼른얼른 자라기 바라는 소망은, 질병 없이 유년기를 넘기길 바라는 간절함에서 시작된 것일까?

그러나 이러한 부모의 간절함도 몰라주고 어린이는 아주 느리게 자란다. 유예 적응(deferred adaptations)이다. 좀 어려운 말인데, 유년기 자체가 성인기의 여러 과업을 대비하기 위한 행동을 연습하기 위해 진화적으로 선택된 형질이라는 것이다.

동네 놀이터에서 재미나게 노는 아이를 보라. 언뜻 보면 무의미한 시간 낭비다. 그저 절제되지 않은 유치한 욕망, 다듬어지지 않은 에너지를 배출하는 것처럼 보인다. 형형색색의 장난감이나 말초를 자극하는 놀이기구에 현혹되어 괴성을 지르며 이리저리 움직이는 원초적 본성, 의미 없는 신경계의 부들거림에 불과한 것처럼 보일 때도 있다.

하지만 좀 더 자세히 들여다보자. 사실 멋진 놀이터, 비싼

장난감이 없어도 아이들은 신나게 놀 수 있다. 필요한 것은 또래 몇 명, 적당한 공간 그리고 충분한 시간뿐이다. 누가 시키지 않아도 아이들은 넓은 지역을 탐색하고 무리를 만들어 가상의 목표를 추적한다. 각자의 역할을 나누어 공동의 작업을 계획한다. 끊임없이 다양한 정보를 교류하고 최종적으로 달성한 성과를 나름의 기준에 따라 분배한다. 아이들의 놀이에서 원시 인류의 삶이 오버랩되지 않는가?

     인류는 수백만 년 동안 수렵 채집을 통해 생계를 영위했다. 그래서인지 아이들의 놀이도 수렵 채집과 관련된 것이 많다. 술래를 정해서 서로를 추적하고, 정글짐에 오르락내리락 매달리고, 은폐물에 몸을 숨기며 숨바꼭질을 하는 것이다. 멀리 공을 던지고 막대기를 휘두르는 어린이의 모습에서 사냥꾼 조상의 잔상이 보인다. 적당한 퍼즐 조각을 찾아 쌓고 모으는 어린이의 모습에선 채집꾼 조상의 잔상이 보인다.

     식량 취득에 관한 놀이만 있는 것이 아니다. 짝을 만나 가족을 이루는 것도 매우 중요한 적응적 과업이다. 이와 관련된 놀이가 바로 소꿉장난이다. 전통사회와 문명사회를 막론하고 여자아이는 남자아이보다 엄마·아빠 놀이를 훨씬 많이 한다. 근대사회의 성 역할을 반영한 것이 아니고, 대중매체의 영향도 아니다. 호미닌 진화사에서 오랫동안 여성이 담당한 역할에 관한 유예 적응의 예라고 할 수 있다. 이에 반해 남자아이는 신체적 놀이에 더 많은 시간을 투자한다. 주로 공격성, 권력, 위계와 관련된 놀이다. 심지어 이런 놀이의 성차는 비인간 영장류에서도 관찰된다.

     여기에 동의하고 싶지 않은 독자도 있을 것이다. 오랜 성 역할을 강요하는 것 아닌가? 그러나 구석기 인류가 '사냥은 사회적 성취'이며 '채집과 육아는 가부장적 억압'이라고 여겼을 리 없다. 가부장적 사회 자체가 신석기 이후에 생긴 것이니 말이다. 각자의 생물학적 성에 따른 과업에 맞는 진화가 수백만 년 동안 이어졌다. 구석기 시대의 성 역할은 생존과 번식을 위한 짝 동맹, 짝 분업이었을 뿐이다. 성적 불평등은 문명의 태동 이후에야 일어난 일이다.

이처럼 인류는 유년기의 유예 적응을 통해 성인기의 과업을 더 잘 성취할 수 있도록 진화했다. 어린이가 어른과 다른 두 번째 이유다. 문제는 진화적 층위에서 '예상된' 성인기의 과업이 주로 수렵 채집 사회에 알맞다는 것이다. 현대사회에서는 좀처럼 수렵 채집을 할 일이 없다. '놀이=비생산'의 도식이 생긴 이유다. 아이도 많이 키우지 않으니 소꿉놀이도 예전 같지 않다. 진화를 통해 빚어진 유예 적응의 요구(놀이)와 현대사회에 필요한 유예 적응(공부)이 다르다. 놀고 싶다는 아이, 공부하라는 부모의 갈등이 끊이지 않는다.

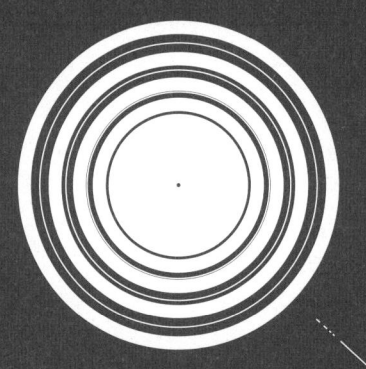

개체발생적 적응

그런데 이런 의문이 든다. 그렇다면 어린이 시기는 어른의 삶을 준비하는 과정에 불과한 것일까? 그렇다면 빠르고 능숙하게 어른의 과업을 잘 습득하는 어린이가 가장 '훌륭한' 어른으로 성장할 테다. 하지만 어린이는 단지 예비 어른이 아니다. 이를 보여주는 것이 개체발생적 적응(ontogenetic adaptations)이다. 당장의 과업에 대한 형질적 적응을 일컫는 말이다. 일단 어린이 시기를 잘 보내야 어른이 되든 말든 할 테니 말이다. 그래서 일부 형질이 '유년기'에만 나타났다가 사라지곤 한다. 어린이가 어른과 다른 세 번째 이유, 그리고 가장 중요한 이유다.

대표적인 예가 모방이다. 신생아는 종종 혀를 쑥 내미는 어머니의 행동을 모방한다. 이러한 행동은 출생 초기에만 나타나고 돌이 지나면 사라진다. 왜 이런 일이 나타날까? 수유나 의사소통에 도움을 주기 때문이다. 선택적 모방이다. 영아는 말을 하지 못하므로 얼굴 표정의 모방을 통해서 사회적 상호작용을 달성한다. 말을 하기 시작하면 혀를 날름거릴 필요가 없다. 12개월이 지나면 혀 내밀기가 사라진다.

어린이의 행동은 종종 모순적이다. 한편으로 순종적이면서 한편으로는 도발적이다. 양육자가 경계를 정해주면 꼭 경계 주변에서 서성거린다. 왜 안전한 중앙에서 놀지 않는가? 생각과 감정, 행동을 훈련하는 과정이다. 끊임없이 경계를 시험하면서 어른의 반응을 살핀다. 하라면 안 해보고, 하지 말라면 해보는 것이다. 주저하면서도 도전하고, 실패해도 크게 부끄러워하지 않고, 모르는 것이 있으면 바로바로 물어본다. 안정적 애착을 유지하면서도 다양한 시행착오를 경험하려는 일시적인 적응적 형질이다. 우리는 이러한 모순적 양태를 보고 '아직 애라서 그렇다'고 한다.

청소년기에 접어들면 균형점이 조금 움직인다. 경계에서 왔다 갔다 하는 것은 여전한데, 전보다는 더 과장된 말과 행동을 보인다. 이른바 '중2병'도 역시 개체발생적 적응의 한 예다.

SECTION 3

행동은 과도하게 공격적이고, 말은 과도하게 도덕적이고, 판단은 과도하게 우유부단하고, 관계는 과도하게 이상적이다. 세상은 이래야 한다, 저래야 한다고 하지만, 막상 본인 방도 제대로 청소하지 않는다. 어제는 패륜적인 욕설을 내뱉다가 오늘은 공자님처럼 옳고 그름에 집착하는 모순이다. 이러한 독특한 현상을 과잉모방(over limitation)이라고 부른다. 마음에 들어온 대상을 처음부터 끝까지 무조건 따라 하는 것이다. 시간이 지나면서 개인적 경험을 통해 필요한 것만 남고 나머지는 사라진다.

    그러니 아이가 중2병에 걸렸다고 너무 걱정할 필요는 없다. 혀 내밀기 반사가 생후 12개월에 사라지고, 귀여움이 사춘기가 되면 사라지는 것처럼, 중2병도 때가 되면 사라진다. 기나긴 유년기와 청소년기는 끝나고 이제 성인기가 시작된다. 오랜 시간 준비했던 경계를 드디어 넘어서는 것이다.

    조금 옆길로 빠져보자. 경계를 넘는 순간, 어른으로의 통과의례를 갖는 문화가 많다. 그런데 우리나라는? 과거에는 종종 혼례가 성년식과 시기적으로 겹쳤다. 이제는 분명하지 않다. 가족과 떨어져 떠나는 첫 여행으로서 수학여행? 혹은

INSPIRING

입대? 모르겠다. 그런데 흥미롭게도 한국은 대학진학률이 80퍼센트에 이른다. 전 세계에서 유례없이 높은 비율이다. 취업에 도움도 안 되는데 왜 굳이 대학에 가려는 것일까? 혹시 대학 졸업에 성인으로의 통과의례라는 문화적 가치가 부여된 것은 아닐까? 만약 그렇다면 어른이 되기 위해 반드시 대학을 졸업해야 한다. 그전에는 결혼도 못하고 독립도 못한다. 너무 비싼 성년식이다.

어린이의 경계는 어린이에게

행동주의 심리학자 존 왓슨(John Watson)은 이렇게 말했다. "나에게 건강한 유아 12명, 그리고 잘 꾸며지고 내가 조작할 수 있는 특화된 세상을 제공해준다면, 그들 중 아무라도 택하여 훈련해서 재능이나 기호, 성향, 능력, 소질 그리고 인종과 무관하게 의사, 법률가, 예술가, 상인, 장관뿐 아니라 거지, 도둑까지도 만들어낼 수 있다."

건설적인 이야기처럼 들리는가? 그러나 어린이는 아무것도 모르는 말랑말랑한 찰흙이라서 무엇이라도 빚어낼 수 있다는 말은 아주 무시무시한 주장이다.

나치는 열 살 이상의 소년, 소녀를 모아 히틀러 유겐트(Hitlerjugend)를 조직했다. 아이들은 집단적 교육 선전과 체육 활동 등을 강요받았다. 제2차 세계대전 말기에는 직접 전장에 투입되기도 했다. 심지어 14살짜리 소년도 최전선으로 보내졌다. 적지 않은 아이들이 '하일, 히틀러'를 외치다 죽어갔다.

소비에트 사회의 교육도 크게 다르지 않았다. 교육의 제일 원칙은 '순종을 위한 훈련'이었다. 수많은 어머니가 '남성과 동등한 역할'을 수행하기 위해 공장과 농장으로 향해야 했고, 덕분에 아이들은 어머니를 빼앗기고 집단 시설에서 양육되었다. '노동에 대한 애착'을 키우고 '사회에 유용한 기술'을 가르치는 것이 소비에트 양육의 핵심 목표였다.

분명 어린이는 높은 수준의 발달적 가소성(developmental plasticity)을 띠고 있다. 아이의 뇌는 '말랑말랑'하다는 믿음은 이러한 연구 결과에 기반을 둔다. 그러나 고무찰흙처럼 아무 모양이나 빚어내고, 빈 칠판처럼 아무 말이나 쓸 수 있다는 뜻은 아니다. 발달적 가소성은 주어진 생태환경적 조건에 따라 '일정한 경향'을 따라 나타난다. 잘 알려진 조건이 바로 풍요와 결핍의 연속선이다.

풍요로운 환경에선 장기적인 전망에 따른 생애사 전략을 취한다. 느리게 성장하고, 늦게 번식하고, 한 명의 배우자와 오래 살며, 자식을 적게 낳아 잘 키우고, 오래 사는 전략이다. 반대로 가혹한 환경에서는 단기적인 전망에 따른 생애사 전략을 취한다. 빨리 성장하고, 이른 번식을 시도하고, 여러 명의 배우자를 만나고, 자식을 많이 낳고 제대로 돌보지 않으며, 일찍 죽는 전략이다. 번식적합도 차원에서는 큰 차이가 없을 수 있다. 그러나 개인의 자유와 행복이라는 차원에서는 어느 쪽이 바람직할까?

혹시 자녀가 남보다 빨리 크고, 남보다 이른 성숙하기를 원하는가? 그렇다면 최대한 가혹한 환경을 만들어주자. 사랑과 애착 따위는 집어치우고 결핍과 고통 속에서 키우면 아이는 금세 어른으로 성장할 것이다. 히틀러 청소년단처럼 말이다. 풍요롭고 안정적인 환경이라면 어린이는 알아서 잘 자란다. 수천만 년의 영장류 진화사, 수백만 년의 호미닌 진화사를 통해서 언제 어떻게 성장하고 발달하는지 이미 다 프로그램화되어 있다. 기나긴 진화사를 통해 빚어진 발달적 과정에 설불리 손을 대면 대개는 안 좋은 결과를 낳는다. 어린이의 경계를 어른이 함부로 무너뜨리면 안 되는 이유다.

1. 어린이를 재래의 윤리적 압박으로부터 해방하여 그들에 대한 완전한 인격적 대우를 허하라!
1. 어린이를 재래의 경제적 압박으로부터 해방하여 만 14세 이하의 그들에 대한 무상 또는 유상의 노동을

폐하라!
1. 어린이에게 그들이 고요히 배우고 즐거이 놀만한
각양의 가정 또는 사회적 시설을 행하라!

소파 방정환 선생의 유명한 '어린이권리공약' 3장이다.
어른은 어린이 고유의 경계를 손대지 말라는 것이다. 소파는 이
공약과 더불어 어린이를 대하는 아홉 개의 당부를 덧붙였는데,
그중 마지막 당부가 눈에 들어온다.

"대우주 뇌신경의 말초는 늙은이에게 있지 아니하고
젊은이에게도 있지 아니하고, 오직 어린이에게만 있는
것을 늘 생각해주시오."

방정환 선생은 이차적 만숙성이나 유예 적응, 개체발생적
적응 등의 신경인류학적 발달 이론을 몰랐겠지만,
진화발달심리학의 핵심을 통찰하고 있었다. 대우주, 즉 세상을
만들어가는 신경인류학적 발달의 근원(말초)은 어른이 아니라
어린이에게 있다는 것이다.
인류는 그 어떤 영장류보다도 긴 영유아기와 청소년기를
진화시켰다. 인류는 빨리 성장하고 빨리 발달하기보다는,
느리게 성장하고 느리게 발달하도록 진화했다. 긴 유년기 동안
가족의 넘치는 사랑과 애착, 형제자매나 친구와의 탐색적
놀이와 교류를 통해서 거대한 인간 사회를 만들어낼 수 있었다.
비록 종 간 진화의 우열을 따질 수는 없는 일이지만, 그런데도
굳이 호미닌 진화의 소위 '위대함'을 말하고 싶다면? 만약
인류가 위대하다면, 분명 그건 '어른'이 아니라 '어린이'가
이루어낸 일이다.

SECTION 3   128

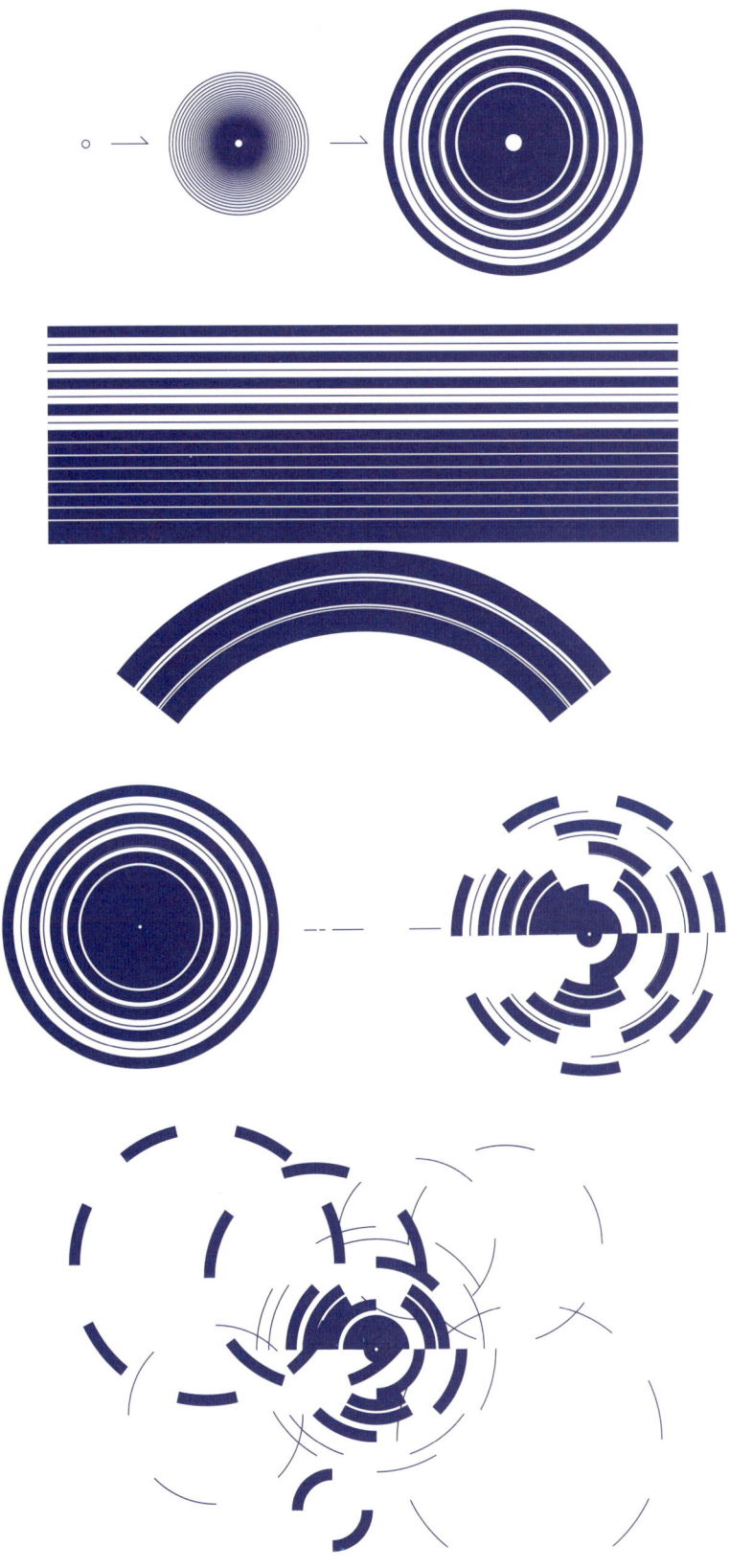

QUESTION 12 신경인류학 인린이와 어른의 경계 박한선(신경인류학자)

illustration by JoA©

SECTION 4 / MECHANISM

· 메타버스, 새로운 현실의 시작	미디어	김대식(뇌과학자)
· 미루기의 심리학	심리	김경일(인지심리학자)
· 왜 우리는 과거를 반복하는가 :	역사	우동현(과학기술사 연구자)
체르노빌의 교훈		
· 건강에 대한 새로운 상상 :	의학	홍종원(마을의사)
혼자의 건강에서 여럿의 건강으로		
· 오랜 새로움 : 노포는 늙지 않는다	문화	서진영(작가) X 편집부

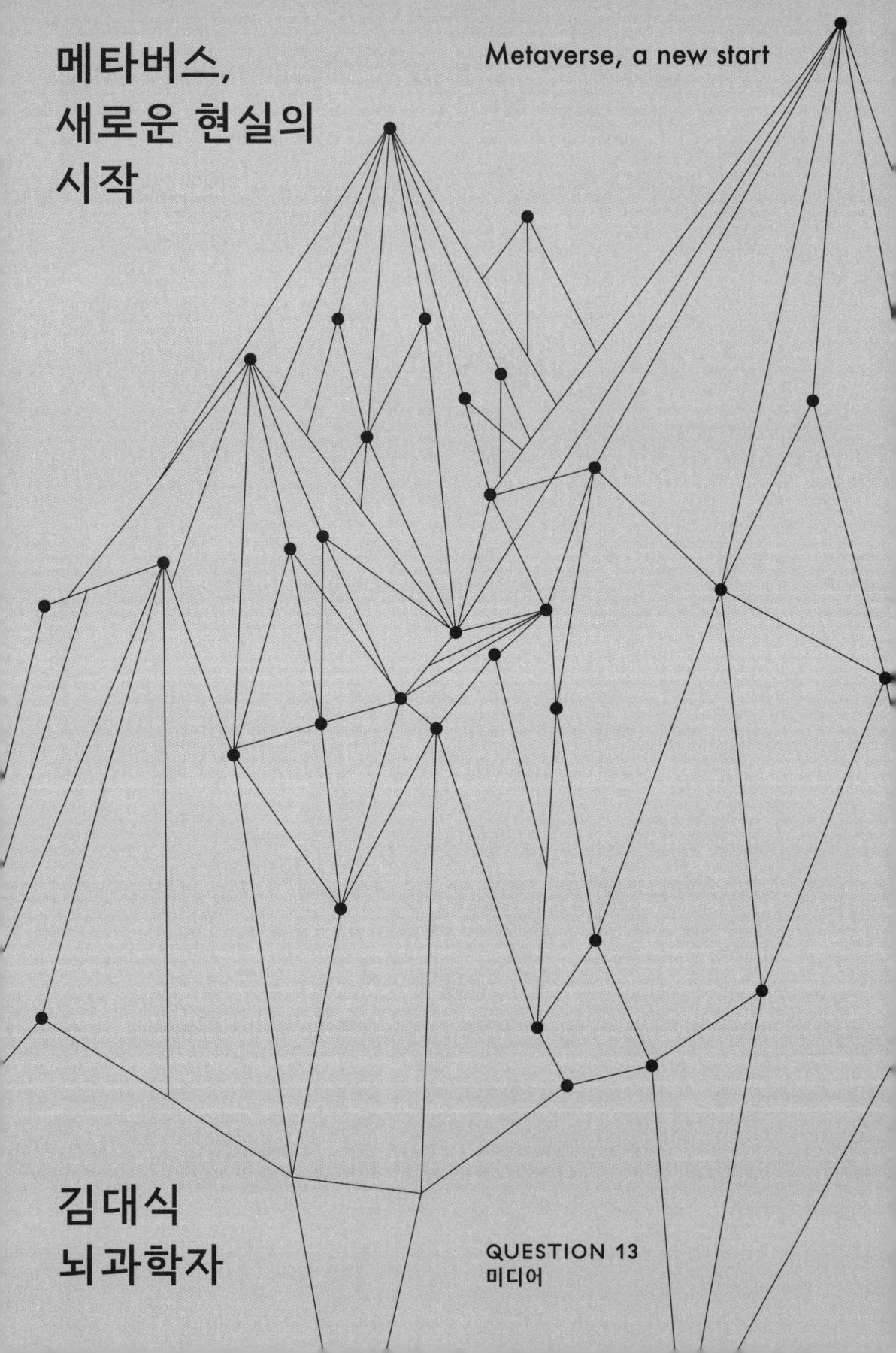

메타버스,
새로운 현실의
시작

Metaverse, a new start

김대식
뇌과학자

QUESTION 13
미디어

장자의 호접지몽이라도 흉내 내려던 걸까? 꿈에서 파리가 된 나는 방문 열쇠 구멍에 갇혀 빠져나오지 못하고 있었다. 열쇠 구멍 안이라는 한 번도 경험해보지 못한 공간이 신기할 정도로 새롭지 않았던 '파리-나'는 두 날개를 펄럭이다 결국 빠져나오지 못한 채 눈을 떴다. 익숙한 나의 집과 침실이라는 현실을 다시 인식한 '김대식-나'는 안도의 숨을 쉬며 생각했다. 지저분한 똥파리로 평생 살아야 하는 현실이 아닌 에어컨에서 찬바람이 나오고 컴퓨터와 스마트폰을 사용할 수 있는 21세기 영장류로 존재하는 현실이 얼마나 고마운지 모르겠다고.

현실이란 무엇일까? 나만의 망상과 꿈, 그리고 내 눈에만 보이는 현실은 타인에겐 무의미하다. 나 외에 그 누구도 지각할 수 없는 내면의 현실은 아무도 볼 수 없으니 말이다. 비슷한 것을 보고, 듣고, 느끼고, 서로 교류할 수 있어야 서로의 현실을 인식하고 공감할 수 있다. 이런 점에서 현실은 하나의 '플랫폼'이라고 해석해볼 수 있겠다.

그렇다면 우리는 언제부터 현실이라는 플랫폼을 사용했을까? 30만 년 전 동아프리카에서 탄생한 인류는 오랜 시간 노마드로 세상을 떠돌아다녀야 했다. 오늘 불을 피우고 몸을 녹이는 장소는 얼마 후면 무의미해지고, 한 달 전 잠자리는 이미 기억에서 사라진 지 오래다. 더구나 대부분 인류 역사 동안 가족과 친척이라는 유전적 '내 편'들로 둘러싸여 자라고, 사냥하고, 다시 늙어간 우리에게 현실이란 언제나 '우리만의 현실'이었다. 지금보다 훨씬 적은 숫자의 인간들이 지금보다 더 넓은 세상을 떠돌아다녔기에, 익숙한 우리와 다른 '그들'이라는 이방인을 마주치는 것조차도 흔치 않은 일이었을 것이다. 아니, 사실 그들을 만나고 싶지도 않았다. 우리가 아닌 그들이 우리에게 득보다는 독이 될 확률이 절대적으로 더 높았을 테니 말이다. 여전히 타인은 혐오와 증오의 대상이고 내 편은 언제나 더 소중하고 가엾어 보이는 부족주의와 집단이기주의의 시작이겠다.

작은 그룹에서의 고립된 삶, 그리고 서로 다른 언어와 기억. 어쩌면 30만 년 동안 우리는 가족 단위의 현실에서 존재했는지도 모르겠다. 현실을 서로 공유하고 거래할 수 없었기에, 대부분 인류의 현실은 가족과 친척이라는 '버블'을 넘지 못했다는 말이다. 비슷한 상황을 아마존 정글에서 여전히 발견할 수 있다. 문명과 차단되어 대부분 부족 단위 사회와 전통을 유지하기에, 아마존 정글 내에서만 수백 또는 수천 개의 다양한 언어들이 존재한다고 한다. 1만 5,000년 전 베링해협을 건너 남미로 이주한 아마존 원주민들은 수천 개의 언어를 만들어냈는데, 30만 년 동안 유라시아 대륙을 떠돌아다니던 인류는 몇 개의 언어와 현실을 만들어냈을까?

인터넷이라는 단일 현실

신석기혁명이라 불리는 정착 및 농사의 시작과 함께 인류는 약 1만 년 전부터 충격적인 현실의 변화를 경험하기 시작한다. 수천 년에 걸쳐 진행된 과정이니 진정한 의미에서의 혁명이라고 하기엔 애매하지만, 결과 그 자체는 말 그대로 혁명적이었다. 떠돌아다니던 인류는 한곳에 정착했고, 정착한 장소엔 기억과 이야기들이 누적되기 시작한다. 다양한 신화와 언어는 공통 신화와 표준 언어로 발전해가고, 인류는 더 이상 우리만이 아닌 그들과 함께 공생하는 방법을 습득하기 시작한다. 수만, 수십만, 수백만 가지의 현실들이 점점 더 큰 현실 덩어리들로 뭉쳐지는 과정을 우리는 '문명화'라고도 부른다. 마치 한겨울 아이들이 열심히 눈을 굴려 눈사람을 만들 듯, 우리는 지난 1만 년 동안 문명이라는 점점 더 커지는 눈사람을 만들고 있었던 것이다.

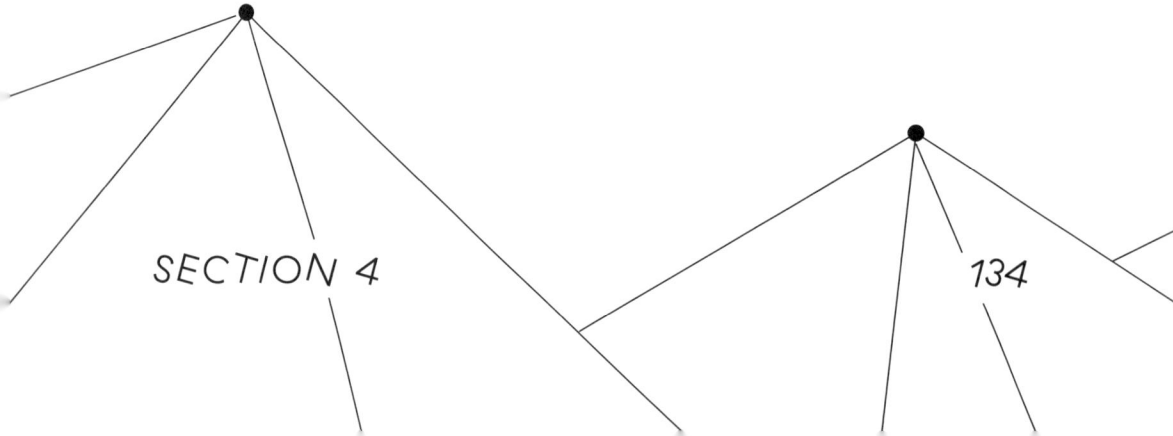

SECTION 4   134

메소포타미아, 이집트 그리고 고대 인도와 중국.
페르시아와 고대 그리스의 전쟁. 로마제국의 탄생과 멸망.
이슬람의 찬란함과 수도 바그다드의 함락. 암흑 같은 중세기.
100년전쟁, 30년전쟁. 아메리카 신대륙의 발견과 대항해시대.
르네상스의 찬란함과 피비린내 나는 식민주의. 프랑스혁명,
산업혁명, 민주주의, 러시아혁명 그리고 1차 세계대전.
홀로코스트와 원자폭탄. 텔레비전, 냉장고, 세탁기, 마이카,
에어컨. 그리고 드디어, '인터넷'.

3차 세계대전을 대비해 개발된 TCP/IP(Transmission Control Protocol/Internet Protocol)의 가장 큰 장점은 데이터를 작은 패키지로 토막 내 분산 전달 가능하다는 점이었다. (핵전쟁 탓으로) 차단되거나 끊긴 연결망을 스스로 피해가며 가장 최적화된 길을 찾아갈 수 있게 고안된 것이다. 하지만 1960~1970년도 초기 인터넷 프로토콜을 개발한 펜타곤 과학자들은 상상이나 할 수 있었을까? 불과 30~40년 후 그들이 개발한 통신망을 통해 어린아이들이 틱톡 동영상을 올리게 될 거라는 사실을?

사실 초기 인터넷의 발전은 상당히 느렸다. 인터넷에 연결된 메인프레임 컴퓨터는 정부기관이나 대학교에서만 볼 수 있었다. 도대체 인터넷으로 할 수 있는 게 뭘까? 직접 만질 수도, 냄새를 맡을 수도 없는 인터넷을 통해 만들어진다는 사이버 공간은 과연 존재한다고 볼 수 있을까?

1980년도 유럽입자물리연구소(CERN)에서 파견직으로 근무하던 팀 버너스리(Tim Berners-Lee)는 질문한다. 인터넷 통신망을 통해 서로 다른 정보와 정보를 직접 연결할 수는 없을까? 새로운 아이디어는 아니었다. 아르헨티나 작가 호르헤

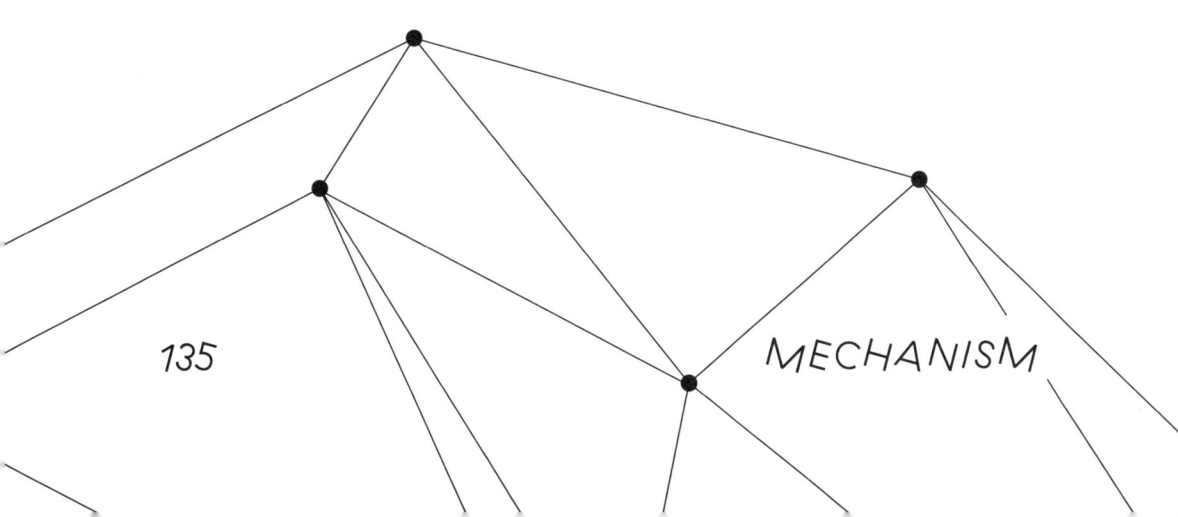

MECHANISM

보르헤스는 1941년 작품 "두 갈래로 갈라지는 오솔길들의 정원"에서 무한의 평행 현실로 갈라지는 현실과 다양한 현실 속 정보들의 연결 고리를 상상했고, 사회학자 테드 넬슨(Ted Nelson)은 이미 1960년도 제너두프로젝트(Xanadu Project)에서 문서와 문서를 직접 연결하는 하이퍼텍스트를 제시한 바 있다.

제너두프로젝트는 상상에 불과했지만, 팀 버너스리가 개발한 월드와이드웹(www)은 '디지털 현실'이라는 새로운 현실의 시작점이 된다. 다시 한번 생각해보자. 오랜 시간 동안 가족과 부족 단위로 쪼개진 수많은 '평행' 현실들에 갇혀 살던 인류는 정착과 문명화를 통해 하나의 거대한 현실을 만들어냈다. 하지만 월드와이드웹이 등장하기 전 우리의 현실은 언제나 아날로그였다. 인류가 보고, 듣고, 느끼고, 판단한 내용들은 언제나 아날로그 현실에서만 공유 가능했으니 말이다.

아날로그 현실의 핵심은 무엇인가? 아날로그 현실에서는 같은 시간에 서로 다른 공간에 있을 수 없고, 모든 경험은 지금 이 순간 내가 있는 공간에서만 가능하다. 아날로그 현실에서의 경험이 언제나 '지속적'일 수밖에 없는 이유다. 경험과 메시지, 그러니까 정보의 순간 이동은 불가능하다. 하지만 디지털 현실에서의 정보 이동은 다르다. 마우스 클릭 하나로 한국 뉴스에서 브라질 음악으로 순간 이동이 가능하니 말이다. 덕분에 지난 30년 동안 우리는 인류 역사상 가장 거대한 현실을 만들어내는 데 성공한다. 모든 것이 모든 것과 연결된 사이버 공간! 드디어 지구 전체를 하나의 네트워크로 연결시켰기에, 이제 80억에 가까운 호모사피엔스들의 현실이 하나의 거대한 글로벌 현실로 녹아 들어가기 시작한 것이다.

디지털 테라 인코그니타

유치하기 짝이 없는 악어신과 하마신과 나일강신들을 부정한 이집트 파라오 아크나텐(Akhnaten)은 기원전 14세기 태양신

'아텐'을 우주의 유일신으로 섬기라고 명령한 바 있다. 비슷하게 21세기 인류는 역사상 첫 글로벌 단일 현실로 등장한 '인터넷'을 새로운 신으로 숭배하기 시작한다. 오만과 교만으로 가득했던 2000년도에 우리는 정말 믿었다. 모두가 모든 정보에 접근할 수 있는 신나는 디지털 신세계에선 더 이상 무지와 독재가 불가능하다고. 정보는 언제나 자유롭기를 원하고, 인터넷 기업들은 언제나 악이 아닌 선을 추구한다고. 평양을 방문한 구글 CEO 에릭 슈미트가 주장하지 않았던가? 인터넷만 도입된다면 북한에서도 민주주의가 가능할 거라고.

하지만 인터넷과 SNS가 '아랍의 봄'을 가능하게 할 거라는 희망은 더 사악한 독재와 혼란과 내전으로 타락했고, 마치 한여름 산불같이 번지는 인터넷 가짜뉴스와 음모론은 이제 민주주의 그 자체를 위협하고 있다. 기계학습을 통해 개인의 선호도가 파악되고 채굴되기에, 어느새 인간의 내면적 현실 역시 거래와 경매가 가능해진 '감시자본주의'가 시작되었다. 듣고 싶고 알고 싶은 것만 들려주고 보여주는 추천알고리즘은 우리를 필터버블(filter bubble)이라 불리는 달콤한 감옥에 가두었다. 이제서야 우리는 이해하기 시작한다. 인터넷은 인류 단일 현실의 완결점이 아니었다. 지난 1만 년 동안 진행되어 왔던 인류 현실의 단일화가 인터넷이라는 디지털 현실을 통해 이제 거꾸로 다시 수많은 현실들로 쪼개지기 시작한 것이다.

그렇다면 인터넷과 현실의 미래는 무엇일까? 1990년도에 보편화한 데스크톱 인터넷은 시작에 불과했다. 경험의 순간 이동은 가능해졌지만 여전히 우리는 한 장소에 묶여 있었으니 말이다. 스마트폰과 함께 등장한 모바일 인터넷은 드디어 이동의 자유를 가능하게 한다. 키보드와 마우스가 아닌 손가락 하나로 새로운 경험을 할 수 있었으니 말이다. 하지만 모바일 인터넷 역시 인터넷의 최종 버전이 아닌, 디지털 현실로 향한 징검다리에 불과했다. 지난 30년 동안 아무도 모르게 우리 모두 열심히 향해 달려왔던 디지털 현실의 최종 목적지는 바로 '메타버스'였다.

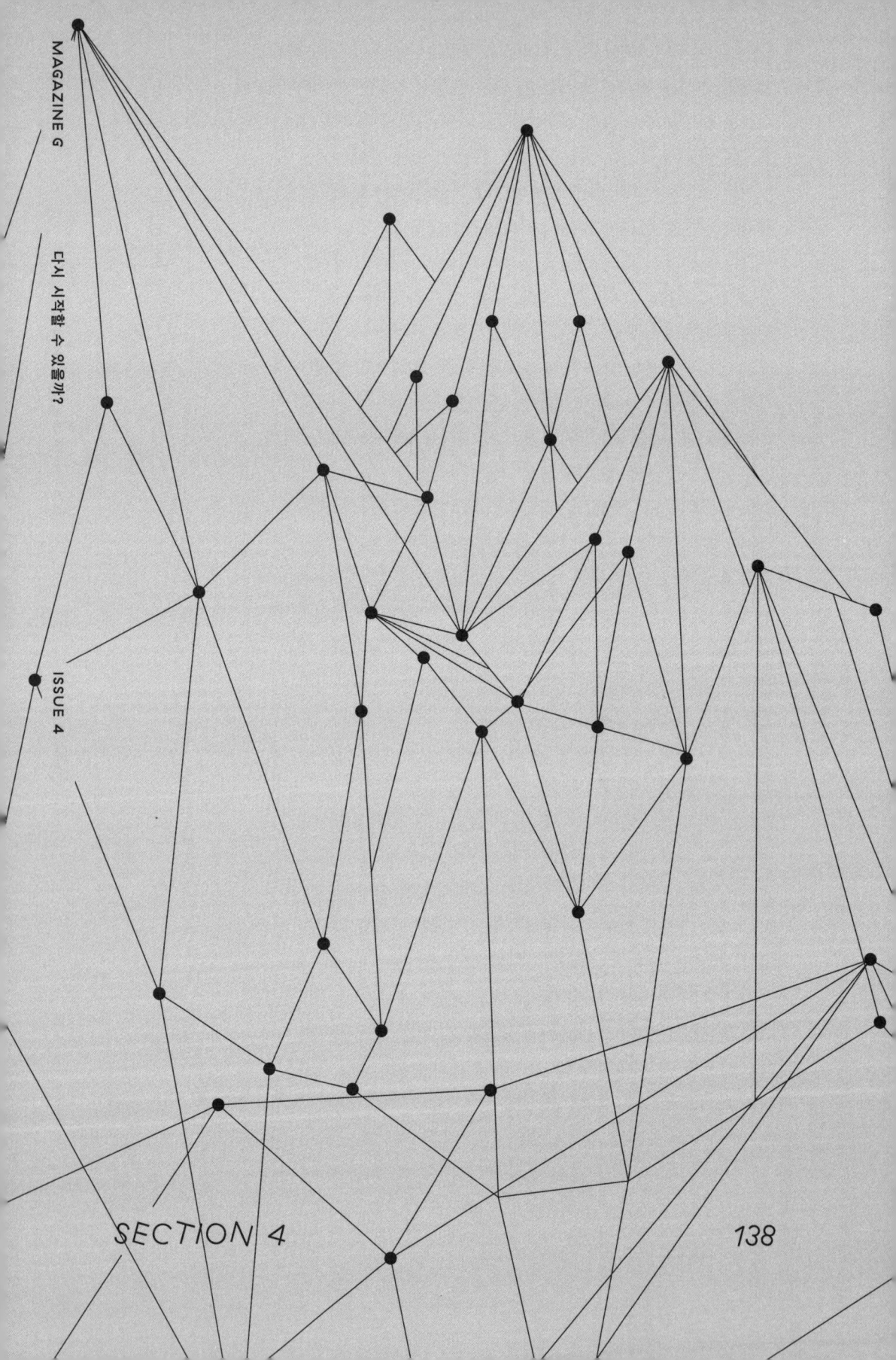

공상과학 영화를 상상시키는 '메타버스'라는 명명은 변화의 이해에 그다지 큰 도움이 되지 않는다. 하지만 새로운 이름을 정하기엔 이미 늦은 듯하다. 메타버스, '초우주'라는 잘못된 이름이 이야기하는 공간은 우리의 몸과 공간적 느낌이 포함된, 모바일 인터넷의 후속 모델인 '임바디드 인터넷(embodied internet)'을 표현한다. 메타버스는 드디어 아날로그 현실과 비슷한 수준의 디지털 도플갱어(Doppelgaenger)를 가능하게 하기에 우리는 이제 예측해볼 수 있다. 마치 아메리카 신대륙을 발견한 유럽인들이 신대륙으로 대이주를 하기 시작했듯, 앞으로 인류는 메타버스라는 최종 디지털 현실로 이주하기 시작할 것이라고.

지난 30만 년 동안 언제나 아날로그 현실에서 탄생하고, 사랑하고, 증오하고, 희망하다 죽어간 인류. 이제 우리는 디지털 현실이라는 호모사피엔스 역사의 새로운 챕터를 향해 떠나고 있다. 처음 아프리카 대륙을 떠나 테라 인코그니타(terra incognita), 아무도 모르던 미지의 세상으로 향했던 먼 과거 인류처럼 이제 우리는 또 다시 디지털 테라 인코그니타로 이주하며 묻는다. 이 새로운 여정의 끝에서 무엇이 우리를 기다릴까? 이 새로운 시작은 인류를 어떤 모습으로 바꾸어놓을까?

139

MECHANISM

QUESTION 14
심리

Photo by Steve Johnson on Unsplash

미루기의 심리학
Psychology of Procrastination

김경일
인지심리학자

QUESTION 14

심리 미루기의 심리학

김경일(인지심리학자)

지금까지 길다면 길고 짧다면 짧은 50년 약간 넘는 생을 살아오면서 자괴감을 참으로 많이 불러일으킨 생각이 있다. 바로 "왜 나는 결심을 실천하지 못하고 늘 미루는가"다. 오죽하면 시작이 반이라는 말이 있겠는가. 물론 그 시작조차도 작심삼일이 된다고 푸념할 수도 있겠지만, 반대로 생각해보면 1년에 그 시작을 100번만 해도 최소 300일은 결심대로 실천하는 것이 아니겠는가.

왜 우리 인간은 무언가를 결심해도 시작조차 하지 못하는 것일까? 모든 미루기의 원인이 참으로 궁금해진다. 그 미루기를 넘어 결국에는 시작해내고 마는 원동력은 무엇일지 역시 관심의 대상이 아닐 수 없다. 일단 무언가를 시작하는 힘, 즉 동기라는 것이 무엇인지 알아보자. 그것이 바로 원인이니 말이다. 그럼 왜 우리가 늘 미루기로 괴로워하는지가 역으로 이해 가능해지고 대처도 용이해진다.

무언가를 시작하게 하는 두 가지 동력 : 접근 동기와 회피 동기

인간의 사고과정을 가장 미시적으로 다룬다는 인지심리학자들은 얼마 전부터 사람의 욕망을 두 개의 큰 축으로 구분해서 이해하고 있다. 첫째, 좋은 것을 바라는 욕망이다. 자연스럽게, 둘째는 싫어하거나 두려운 것을 피하고자 하는 욕망이다. 이 두 욕망은 사람을 변화시키는 힘으로 작용한다. 즉 행동하게 만든다. 예를 들어 원하는 대학에 가고 싶다는 욕망이 강하면 열심히 공부할 가능성이 높다. 내일 선생님께 꾸중 듣고 싶지 않다는 욕망이 강하면 당연히 오늘 저녁에 열심히 숙제를 한다. 그렇기 때문에 이 두 욕망을 적절히 자극하면 사람은 더욱 좋은 결과를 만들어낼 수 있다. 중요한 것은 이때 모든 종류의 미루기가 미연에 잘 방지되고 시작의

MECHANISM

힘이 마련된다는 사실이다. 인지심리학에서는 이를 접근 동기와 회피 동기로 각각 설명한다.

접근 동기는 좋은 것을 가져서 무엇인가를 향상시키는 데 도움이 되고, 회피 동기는 싫거나 나쁜 것을 막아 예방하는 데 도움이 된다. 예를 들어 만약 영수 학생이 '나는 변호사가 되고 싶어. 그러자면 좋은 성적을 받아야 해'라는 각오를 다지고 공부를 한다면 이는 접근 동기가 발현된 것이다. 이처럼 접근 동기는 먼저 자신이 원하는 것이 무엇인지 알아야 건드릴 수 있다. 반면, 회피 동기는 지금 당장 일어날 가능성이 높아 피하고 싶은 무언가가 있을 때 활용성이 높다. 만약 아까 그 영수 학생이 '과제를 하지 않으면 벌을 받겠지. 벌 받는 건 정말 싫어'라고 생각해 과제를 한다면, 회피 동기가 작용한 것이 된다. 즉 일의 종류가 무엇인지에 따라, 어떤 동기에 입각한 마음가짐이나 메시지를 중심으로 하는가에 따라 그 일은 잘 시작될 수도 있고 좀처럼 시작되지 않을 수도 있다. 미루기도 이 범주에 정확히 포함된다.

시작 포기와 마무리 포기

살다보면 충분히 할 수 있는 일인데도 시작 자체를 포기하는 경우가 다반사다. 예를 들어 '오늘은 그냥 놀고 내일부터 공부하자'라는 생각 역시 오늘 할 일을 포기하는 것이니 결국 내일로 할 일을 미루는 것이 된다. 그런데 다음 경우도 역시 포기다. '그래. 이 정도 했으면 됐다. 할 만큼 했으니 이제 좀 쉬엄쉬엄 하자.' 공부의 후반부에 주로 나타나는 현상으로, 이를 마무리 포기라고 부를 수 있다. 이 역시 공부의 완성도를 떨어뜨리는 후반전의 미루기다. 재미있는 건 이 두 유형의 포기가 각각 접근 및 회피 동기와 밀접한 관련이 있다는 것이다.

전반전의 미루기, 즉 시작 포기부터 알아보자. 시작

Photo by oguz-can on Unsplash

자체를 포기하는 이유는 접근 동기가 없기 때문이다. 무엇을 시작하는 데 필요한 동기가 바로 접근 동기인데, 이게 없으면 사람들은 잘 움직이지 않는다. 특히 그 무언가가 새로운 것이고 오래 해야 하는 일이라면 더더욱 그렇다. 사람은 본시 자신이 원하는 것을 가지기 위해 움직이고 좋아하는 것을 떠올리며 힘을 낸다. 공부든 일이든 마찬가지다. 내가 원하는 것을 정확하게 알고 그것을 위해 노력해야겠다는 각오가 서면 공부나 일에 매진할 수밖에 없다. 이 때문에 접근 동기는 무언가를 시작할 때 매우 중요한 요소가 된다. 전반전의 에너지가 접근 동기라는 것이다.

후반전에서는 양상이 달라진다. 예를 들어 공부를 열심히 하던 학생은 시험일이 가까워지면 회피 동기라는 스위치를 켜야 한다. 접근 동기가 시간이 필요한 일을 시작하고 더 좋은 결과를 내는 데 효과적이라면, 회피 동기는 당장 오늘이나 내일 겪을 수 있는 싫은 일을 피하는 데 효과적이다. 즉 '이 시험의 마무리를 잘 하지 못하면 지난번과 비슷한 꼴을 면하지 못한다'와 같은 말을 스스로든 주위에서든 해줘야 한다는 것이다.

To-Date 프레임과 To-Go 프레임

요컨대 접근 동기와 회피 동기를 선택할 때의 기준은 '시간'이다. 설명이 너무 추상적인가? 이를 현실감 넘치게 응용할 수 있는 아주 좋은 방법이 있다.

심리학자들의 연구에서 자주 볼 수 있는 말 중 하나가 To-Date와 To-Go다. 의역하자면 전자는 '지금까지 얼마나 했는가'이고 후자는 '앞으로 얼마나 남았나'다. 무슨 뜻이고 무엇이 다를까?

수해를 입은 분들을 위해 모금을 하고 있다고 가정해보자. 목표액은 1억 원이다. 캠페인이 시작되고 이내 각계각층에서 성금이 모인다. 그 과정을 다음 방식으로 사람들에게 알린다. "벌써 1,500만 원이 모금됐습니다." "네! 이제 성금액이 3,000만 원에 도달했습니다." 이것이 바로 To-Date 프레임으로 말하기다. 지금까지 얼마나 했는가에 초점을 맞춰 메시지를 전달하는 것이다. 이 프레임을 활용하면 모금은 더욱 힘을 받는다. 사람들이 '그래, 조금 더 액수를 늘려야 하니 나도 참여하자'라는 식의 생각을 더 많이 하게 된다는 것이다. 접근 동기가 자극되기 때문이다. 앞서 말했듯 전반전에는 '가고 싶은' 고지인 1억 원에 대한 욕구를 자극하는 메시지가 필요한데, To-Date 프레임에 입각한 말이 효과를 낳는 것이다.

　　모금액이 목표액인 1억 원의 중간 지점 정도인 5000만 원을 넘어서는 순간, 성금 모금 과정을 알리는 메시지는 이렇게 바뀌어야만 한다. "자, 이제 목표액에서 4,000만 원 남았습니다." "2,000만 원만 더 모금하면 이제 목표 달성입니다." To-Go 프레임에 입각한 메시지다. 지금까지 얼마나 했는가에 초점을 맞추는 것이 아니라 얼마나 남았는가를 일깨우는 것이다. 후반전이 됐는데도 To-Date 프레임으로 말하면 지금까지 한 것에 안주하기 쉽다. 마무리 포기에 해당하는 미루기가 일어날 가능성이 커진다. 따라서 이때는 '이걸 마무리 못하면 안 된다'는 식의 회피 동기를 건드리는 말이 필요하다. 이것이 바로 To-Go 프레임이다.

　　42킬로미터 이상을 뛰어야 하는 마라톤 선수들도 이와 비슷한 마음가짐을 사용한다는 이야기를 듣는다. 반환점을 돌기 전까지는 자신을 다독인다. '5킬로미터를 뛰었네.' '벌써 10킬로미터까지 왔구나.' 이러면서 '잘하고 있어. 계속 이렇게 가자'라고 스스로를 다독이는 것이 더 효과적이라는 것이다. 그런데 반환점을 돌고 난 뒤에는 '이제 15킬로미터밖에 남지 않았어', '이제 5킬로미터만 가면 된다', 그리고 막판에는 '다 왔어. 거의 다 왔어' 등의 말을 스스로에게 한다고 한다. 이제 얼마 남지 않았다고 생각하면 포기할 수 없으니 말이다. 조금만 더 노력하면 결승점에 다다를 수 있는데 어떻게 포기하겠는가. 하지만 반환점을 돈 뒤에도 '와, 35킬로미터나 왔네'라고 생각하면 긴장감은 사라지고 포기가 쉬워진다.

한 번쯤은 같이 고민을 해보자. 우리는 이 두 프레임 중 적합한 것을 서로 주고받고 있는지 말이다. 혹은 스스로에게 제대로 된 형태의 다짐을 부여하고 있는지 말이다. 이것만 제대로 한 번 맞춰봐도 우리는 두 종류의 미루기인 시작 포기와 마무리 포기를 할 가능성을 훨씬 더 낮출 수 있다.

자포자기형 미루기

Photo by oguz-can on Unsplash

시작 포기형이나 마무리 포기형 미루기와는 또 다른 유형의 미루기가 있다. 이른바 자포자기형 미루기다. 시작도 안 해보고 '이 일을 해낼 수 없을 거야'라고 아예 무기력하게 포기하는 것이다. 이는 결국 '거봐. 난 안 되는 사람이야'라는 더 심각한 무기력과 자포자기를 계속해서 만들어낸다. 특히 요즘과 같은 팬데믹 시기에는 우리 자신을 더욱 위축시키는 이중고가 될 수 있다. 이를 어떻게 하면 좋을까? 단순히 의지력과 노력만으로는 충분치 않다. 그보다는 우리 인간이 매우 미묘하고 섬세한 존재라는 것을 이해할 필요가 있다.

깊이 있는 분석을 통해 아주 쓸모 있는 실마리를 도출한 심리학자들이 있다. 그 대표적인 인물이 캐나다 토론토대학교 교수인 심리학자 재닛 폴리비(Janet Polivy)다. 폴리비 교수 연구진은

MECHANISM

다이어트 중인 사람들을 모집해 세 그룹으로 나누었다. A그룹에게는 아무것도 먹지 못하게 했다. B그룹은 칼로리가 매우 높은 간식을 약간 먹게 했다. C그룹은 B그룹이 먹은 것과 같은 고칼로리 간식을 배가 부르도록 먹였다. 이후 세 그룹은 잠시 휴식을 취했다가 다른 장소로 이동했다. 이 장소에는 다양한 음식들이 준비되어 있었고 연구진은 어느 그룹이 음식을 가장 많이 섭취하는지 관찰했다.

얼핏 생각해보면 가장 배가 고픈 것이 마땅한 A그룹이 가장 많이 먹어야 하며, 이미 배가 많이 부른 C그룹이 가장 덜 먹는 것이 상식적이다. 그런데 결과는 예상과 전혀 달랐다. C그룹이 음식을 가장 많이 먹었다. 게다가 이들은 다양한 음식 중 유독 자극적인 음식을 골라 먹었다. 왜 이런 뜻밖의 결과가 나온 것일까?

이른바 '나몰라 현상'이 발생했기 때문이다. 다이어트를 위해서 음식을 자제해온 그간의 노력이 이미 물거품이 됐다고 생각해서 '자포자기' 식 모습을 보인 것이다. 반면 소량만을 먹은 B그룹은 어느 정도 자신들을 용서할 수 있었기 때문에 이런 모습을 보이지 않았다. A그룹은 가장 적은 양을 먹었다. 이들은 자극적인 음식에 거의 손도 대지 않았다.

C그룹에서 나타난 나몰라 현상은 작심삼일 현상을 설명한다. 무언가를 하겠다는 결심을 했을 때 그 결심과 반대되는 사소한 무언가가 둑을 허물 듯 행동 전체를 포기하게 만드는 현상이다. 다이어트 중인 사람이 자기도 모르게 빵을 한두 개 먹고 난 뒤 '망쳤다'라는 느낌으로 폭식하는 것이나, 10시간을 공부하기로 결심한

Photo by oguz-can on Unsplash

날 몇 시간밖에 공부를 못한 자신에게 실망한 나머지
이후 며칠 동안 공부 전체를 포기하는 것 등이 모두 이에
해당한다. 사소한 위반-자기혐오-완전포기의 악순환은
우리 주위의 다양한 영역에서 무수히 발견할 수 있다.

목표를 바라보는 시선 바꾸기

자포자기형 미루기를 막으려면 어떻게 해야 할까? 우선
하루, 일주일 혹은 한 달과 같이 어떤 결심을 실행하는
시간의 단위를 평가할 때 0점이나 100점과 같이 성공과
폭망(즉 실패)이라는 이분법으로 바라보는 방식을
바꿔야 한다. 다이어트를 위해 하루에 두 끼만 먹는다고
가정해보자. 이 경우 두 끼 먹기를 3일 연속 성공하고
4일째 실패했다면 이 4일 차를 0점짜리인 실패의 날로
봐야 할까? 그러면 안 된다. 그보다는 4일 중 3일을
성공해 75점을 기록한 '구간'으로 4일을 봐야 한다.
그렇게 하면 이후의 5일 차는 다시금 새로운 구간의
첫 번째 날로 만들 수 있다. 당연히 '이제 다시 한번
해보자'는 동기를 유지할 수 있게 된다. 흥미롭게도
이러한 마음가짐 변화를 만들어낸 사람과 그렇지 못한
사람들이 앞서 언급한 폴리비 교수 연구의 B그룹에
혼재되어 있었다. 똑같이 소량을 섭취했는데도 B그룹
참가자들은 A그룹처럼 음식을 여전히 참아내는 사람들과
C그룹처럼 포기하고 음식을 먹는 사람들로 뚜렷하게
갈렸다. 실험을 마친 후 연구진이 인터뷰를 한 다음에
드러난 추가적 결과였다.

  그다음으로, 목표를 지나치게 높게 잡진 않았는지
확인한다. 목표를 너무 높게 잡으면 좌절도 빛의 속도로
일어나며, 이렇게 빨리 경험하는 좌절은 이후 얼마든지 할
수 있는 것들까지도 전혀 시도를 하지 않게 하는 경우를
만들어낸다. 이러한 경우를 심리학자들은 '헛된 희망

증후군'이라고 부른다. 사람들 중 상당수가 무리하게
큰 목표를 잡는 까닭은 뭘까? 자기 자신을 쉽게 바꿀 수
있다는 믿음이 강하기 때문이다. 의욕적인 사람일수록,
건강한 사람일수록 무언가를 처음 시작할 때 이런 상태에
놓일 가능성이 크다. 게다가 지나치게 높은 목표는 '좋은
목표를 세웠다'는 만족감과 뿌듯함을 느끼게 하여 우리
자신을 기만한다. 하지만 비현실적으로 높게 설정된
목표는 위험천만하기 그지없다. 오히려 목표를 설정하고
난 뒤 기분이 좋아졌다면 이는 매우 경계해야 한다는
신호다. 목표를 세우고 난 뒤 '다소 소박한 것 아닌가'
하는 생각이 들거나 주위로부터 그런 말을 들어야 더 좋은
것이다. 그래야 시작 자체를 원활하게 할 수 있으니 말이다.
     팬데믹 시기는 새로운 목표를 세우고 이를
실천하기에 매우 적합한 시간이다. 하지만 그 결과가
아무리 위대하고 눈부신 것이라 하더라도 그 과정의
법칙은 동일하고 분명하다. 작은 실천들이 긴 시간
동안 매일매일 쌓이면서 그 결과가 거대해지는 것이다.
이를 통해 나의 목표를 더욱 목표답게 만들고 수정하며
재구성하는 것이 그 무엇보다 중요하다. 거창한
캐치프레이즈와 목표를 혼동하면 안 되는 것이다.

Photo by oguz-can on Unsplash

QUESTION 14

심리 미루기의 심리학

김경일(인지심리학자)

MECHANISM

왜
우리는
과거를
반복하는가
: 체르노빌의 교훈

Lessons
from Chernobyl

QUESTION 15
역사

Photo by Viktor Kharlashkin on Unsplash

우동현

과학기술사
연구자

'체르노빌(Chernobyl)원자력발전소 폭발 사고'(이하 '체르노빌 폭발 사고')는 1986년 4월 26일 새벽 1시 24분(모스크바 기준 시간)경 우크라이나 소비에트사회주의공화국 내 체르노빌원자력발전소의 원자로 4호기가 시험 도중 급격한 출력 증가를 견디지 못하고 폭발하면서 초래한 엄청난 인명·재산 피해와 광범한 환경오염을 의미한다. 2011년 일본의 후쿠시마(福島)원자력발전소에서 사고가 터지기 전까지, 이 사고는 국제원자력기구(IAEA)가 설정한 국제원자력사고등급(INES)상 최고 등급인 7등급이 유일하게 매겨진 대형 재난이었다. 체르노빌 폭발 사고의 환경적·의학적 영향을 가장 폭넓게 연구한 역사학자 케이트 브라운(Kate Brown)에 따르면 원자로가 폭발한 뒤 우크라이나에서만 최소 3만 5,000명에서 15만 명에 이르는 사람들이 사고의 여파로 사망했다고 한다. 이는 방사성 낙진의 70퍼센트가 떨어진 벨라루스 지역의 사망자 수를 제외한 수치다.❶

체르노빌 폭발 사고로 방출된 방사성 물질의 총량은 히로시마와 나가사키에 투하된 원자폭탄의 200배로 추정된다. 이들 원자폭탄은 크게 두 가지 방식으로 피해를 낳았다. 최초의 폭발과 함께 1초가 채 안 되는 짧은 시간 동안의 커다란 엑스선 방출(고선량 체외 피폭), 그리고 폭발 직후부터 대류로 인해 확산된 방사성 낙진의 접촉·섭취(저선량 체내·외 피폭)다. 체르노빌 폭발 사고에서 나온 방사선은 이 중 후자의 방식으로 주변 지역을 오염시켰고, 사람들의 신체를 공격하여 원인불명의 다양한 질병에 걸리게 했으며, 최악의 경우 사망에 이르게 했다. 이 사고와 관련된 영화를 본 적이 있는 독자라면 원자로의 화재를 진압하는 소방관들의 피부가 그을리고, 코피를 흘리며, 구토를 하는 장면이 삽입되어 있음을 쉽사리 기억할 것이다. 그 장면들은 실제로 방사선 병의 전형적인 예를 보여준다. 방사선을 내뿜는 원천인 방사성 동위원소는 쉽게 사라지지도 않는데, 반감기가 30년인 세슘-137을 대표적 예로 들 수 있다. 아이오딘-131은 반감기가 8일이지만, 어린이들의 몸에 너무나도 효율적으로 흡수돼 갑상선암을 유발한다.

1. Kate Brown, *Manual for Survival: A Chernobyl Guide to the Future*, New York: W. W. Norton & Company, 2019. 케이트 브라운 저, 우동현 역, 《체르노빌 생존 지침서》, 푸른역사, 2020.

2021년 가을 현재 한국 독자들이 체르노빌 폭발 사고의 구체적 전모에 관해 참조할 수 있는 책은 적지 않다. 필자가 번역한 《체르노빌 생존 지침서》나 올해 역간된 《그날 밤 체르노빌》과 《체르노빌 히스토리》는 다양한 자료를 근거로 하여 참사가 어떻게 일어나게 되었고, 그 파국적 후과가 어떠한 맥락에서 대중에게 감춰졌는지를 세밀하게 추적한다. 다소 차이가 있으나 서술의 기저에 흐르는 공통점은 소비에트 당국의 비밀주의와 선동, 체제상의 수많은 결함들로 인해 이 대참사가 제대로 알려지지도, 다뤄지지도 않았다는 점이다.

하지만 이러한 서술이 과연 역사적 사실을 온전히 반영한 것일까? 다시 말해 "소비에트 체제가 문제였다"라는 논리를 일본의 사례에도 적용할 수 있을까? 후쿠시마원자력발전소 사고의 전개 과정, 또 사고로부터 10년이 지난 오늘날까지 일본 정부가 내놓은 실망스러운 관련 조치 등을 고려할 때, 공산주의 체제의 특수성 탓에 대형 재난의 파장이 유독 악화되었다고 단정하기는 어렵다.

후쿠시마원자력발전소는 미국산 비등수형 원자로를 사용했고, 해일이 육지를 강타했을 때 일본 당국은 선제적으로 주민 일부를 소개(疏開)하기도 했다. 그러나 일본 당국에는 소비에트처럼 소방관·군인·의사·과학자·기술자를 대규모로 동원할 수 있는 행정력이 없었다. 사고로부터 10년이 지난 오늘날까지도 파괴된 원자로들의 정확한 상태와 그것들이 유발한 피해가 얼마나 되는지 거의 알려져 있지 않다. 한편 원전 폐수는 태평양으로 계속 유출됐다[2021년 4월 일본 정부는 원전 오염수('처리수')를 태평양에 방류하기로 공식화했다]. 가장 심각한 점은 후쿠시마 원전이 지진이나 해일에 무방비 상태에 놓여 있다는 것이다. 요컨대 소비에트 체제의 특수성을 재앙과 등치시키는 주장은 결코 새롭지 않을뿐더러, 이를 무비판적으로 받아들이는 일은 원자력 재난에 대한 다면적 이해를 가로막는다.

SECTION 4

Photo by Viktor Kharlashkin on Unsplash

냉전 정치, 첨단 기술, 환경 재난이 만나는 지점

역사학의 여러 갈래 중에서 기술사(技術史)는 우리가 '기술(technology)'로 정의할 수 있는 것(물건, 지식, 과정)을 주요한 고리로 삼아 과거를 탐구하는 연구 분야다. 서양 학계에서는 이미 냉전기부터 과학기술사회연구(STS)라는 명칭으로 이 분야에 대한 연구가 시작되었고, 오늘날 학계와 시민사회에서 뜨거운 화두로 부상한 환경사와 결합하여 환경기술사(envirotech history)라는 이름 아래 간학제적 탐구가 이뤄지고 있다. 현재 환경기술사에서 가장 활발히 연구되는 부문이 바로 '핵 역사'인데, 이는 다시 방사성 동위원소의 이용과 원자력 발전 등의 주제를 포괄하는 '평화적(민수용)' 갈래와 핵무기 경쟁, 핵실험, 핵확산 금지 등의 소재를 포괄하는 '군사적' 갈래로 나뉘어 연구되고 있다. 이 두 갈래 이야기들이 얽혀 만들어진 핵 재난에서 우리는 과연 무엇을 배울 수 있을까?

기술사학자들이 지적하듯, 첨단 기술(hightech)에 대한 추구와 비밀주의(secrecy)는 체제를 가리지 않고 20세기를 관통하며 존재했다.❷ 기술사적 관점에서 체르노빌 폭발 사고에 대한 근본적인 재해석의 필요성을 주장한 역사학자 김동혁에 따르면 당시 소비에트의 정책결정자들이 흑연감속 비등경수 압력관형 원자로(RBMK)를 체르노빌의 주력 원자로 설계로 채택한 것은 "1960년대 상황에서 최적의 기술적, 경제적, 정치적 고려를 했던 결과"였다.❸ 물론 당시 "최선의 선택"이 사고를 방지한 것은 아니나(1982년부터 1986년까지 5년간 소비에트의 모든 원전에서 1,042건, 체르노빌에서만 104건의 크고 작은 사고가 일어났다), 이 지적은 우리가 체르노빌에서 배울 수 있는 것이 소비에트 체제의 특수성보다 훨씬 더 많다는 학술적 주장과도 부합한다.

실제로 체르노빌 폭발 사고는 그 막대한 피해 규모에도 불구하고 아주 새로운 성격의 재난은 아니었다. 이를 인식할 때 우리는 20세기

2.
Naomi Oreskes and John Krige eds., *Science and Technology in the Global Cold War*, Cambridge: The MIT Press, 2014.

3.
김동혁, "체르노빌 원자력 발전소 폭발 사고에 대한 재고", 《서양사론》, 130호, 2016년, 9~42쪽.

정치와 과학기술, 참사가 불가분의 관계에 놓여 있었음을 포착할 수 있다. 케이트 브라운의 선구적인 연구에 따르면 미국 펜실베이니아주의 스리마일섬(Three Mile Island) 원자로에서 사고로 방사능이 유출된 1979년 이전에도 원자력 재난은 미국을 휘감았다. 예컨대 플루토늄 공장이 위치한 워싱턴주의 핸퍼드(Hanford)에서는 1940년대 중반부터 1980년대 중반까지 플루토늄을 생산하는 과정에서 안전사고와 방사능 물질 유출이 끊이지 않았다. 이는 주변 지역의 토양과 대기와 지하수, 사람들의 신체를 오염시켰다. 또한 그 실체가 아직도 불분명한 1949년의 "그린 런(Green Run)" 실험처럼 평범한 사람들과 선주민들의 터전이자 휴식처인 컬럼비아 강에 인위적 핵물질 방류가 진행되기도 했다.❹ 1963년 부분적 핵실험 금지 조약(PTBT)의 체결과 같은 노력에도 불구하고, 미국을 비롯한 핵무기 보유국들이 대기·우주·수중·지하에서 수행한 핵실험은 체르노빌의 약 1,000배 이상의 규모에 해당되는 방사능 담요로 지구를 여러 차례 뒤덮었다. 이로 인한 피해로 다양한 지역(주로 북미와 유럽, 호주)에서 갑상선암, 소아암, 소아백혈병 환자 수가 증가하고 남성 정자 수가 감소했다. 핵실험이 방출한 낙진에 의해 직·간접적으로 피폭된 아랫바람사람들(downwinders)은 세계 도처에 존재하는데, 북한 이탈주민 가운데 일부는 이러한 피폭 증상을 '귀신병'이라 부른다.

　　냉전기뿐 아니라 오늘날에도 정치적 비밀주의와 과학기술 간의 결탁은 이어지고 있다. 원자력 피해자들의 발언이나 '귀신병'과 같은 호칭은 '비과학적'이고 '비객관적'이라고 낙인찍힌다. 소비에트뿐 아니라 미국의 원자력 관련 기구와 세계보건기구(WHO) 등 다양한 국제기구에 소속된 정치인·과학자·전문가들은 체르노빌 폭발 사고 직후부터 사고 규모를 의도적으로 감추고 낮춰 평가하려고 했다. 케이트 브라운이 보여주듯, 오히려 구식 "스탈린주의자들"이라고 불리던 우크라이나 공산당원들이나 시민들은 이러한 계획에 결코 공모하지 않고 자신과 가족, 이웃이 겪은 방사성 피해를 적극적으로 조사하며 알리고, 이에 대한 지원을 받기 위해 다양한 시도를 했다. 이른바

4.
이 알려지지 않은 역사에 관해서는 곧 출간될 필자의 다른 번역서인 《플루토피아》(푸른역사, 근간)를 참고하라.
Kate Brown, *Plutopia: Nuclear Families, Atomic Cities, and the Great Soviet and American Plutonium Disasters*, New York: Oxford University Press, 2013.

Photo by Viktor Kharlashkin on Unsplash

"시민의 과학"을 수행한 셈이다. 이러한 아래로부터의 목소리는 당시 소비에트뿐만 아니라 미국과 같은 자유민주주의 국가들에서도 빗발쳤다. 하지만 냉전이라는 질서 안에서 각국 정부는 피폭된 시민들의 발언을 '근거 부족' 또는 '간첩 행위'로 단정했다. 피폭 피해자들이나 이들을 지지하는 민간단체들의 정당한 요구는 무지의 소산, '과학적' 증거의 부재, 스트레스의 발현 등으로 무시되었고, 저선량 방사선 피폭이 초래한 각종 피해는 시민들이 고스란히 떠안아야 했다. 예컨대 러시아의 대표적인 플루토늄 생산 지역 오조르스크(Ozersk) 인근의 사람들은 여전히 방사성 폐기물과 '함께' 살고 있는데, 이러한 피해를 직접 조사해 시민들에게 알리고 국가에 보상을 청구한 활동가들은 종종 미국의 간첩이라는 혐의를 받았으며, 최악의 경우 망명하기도 했다.

지구적 원자력 재난에서 대한민국의 위치

이렇듯 체르노빌 폭발 사고로 대표되는 원자력 재난이라는 지구적 사건에서 한국은 어디쯤에 위치하고 있을까? 이는 오늘날 한국에서 전력 생산의 30퍼센트를 차지하게 된 원자력 수용의 역사를 간략하게나마 돌아볼 필요를 제기한다.

히로시마·나가사키 폭격 당시 전체 피해자 가운데 조선인이 약 10퍼센트를 차지했음에도 불구하고, 적어도 38도선 이남에서는 해방 직후부터 원자력이 식민지적 종속에서 벗어나고 산업화를 달성하게 해주는 긴요한 도구로 인식되었다. 1948년, 일제가 건설한 수력 배전망 체계에서 단절된 한국은 이후 전쟁의 폐허 위에서 1953년 12월 아이젠하워 미국 대통령이 제시한 "평화를 위한 원자력" 계획에 가장 매료된 국가 가운데 하나가 되었다.[5]

1956년, 한국은 미국과 원자력 협력 협정을 체결했고, 이듬해에는 국제연합 산하에 새롭게 창설된 IAEA에 가입했으며, 1959년 원자력원을

5.
미국 주도의 "평화를 위한 원자력" 계획의 지구적 역사에 대해서는 향후 출간될 필자의 번역서 《저주받은 원자》(너머북스, 2022 출간 예정)를 참고하라. Jacob Hamblin, *The Wretched Atom: America's Global Gamble with Peaceful Nuclear Technology*, New York: Oxford University Press, 2021.

설치했고, 1962년 서울(당시 경기도 양주군)에서 한반도 최초의 연구용 원자로를 가동했다. 이후 산업화와 경제 성장에서 통치의 정당성을 모색한 독재 정권은 미국과의 관계가 허락하는 범위에서 에너지 자립을 목표했고, 중공업 개발에 필수적인 전력의 원천으로서 원자력 발전에 매혹됐다. 1980년대 말부터 한국은 경수로용 원전 연료를 독자적으로 생산하는 데 성공했다. 한국의 원자력 수용에 관한 역사학자 김성준의 선구적 연구에 따르면, 1980년 이후 원자력 발전에서 "한국적 특징"들이 형성되었다. 즉 ① 에너지 구성에서 원자력의 비중이 커졌고, ② 원자력 사업 분야에서 비(非)발전 분야의 발달이 저해됐으며, ③ 한국전력공사를 중심으로 하는 전문가·정부·기업의 원자력 복합체가 형성돼 시민을 포함한 사회적 행위자 대부분은 원자력 관련 행정에서 배제되었다(역사학자 제이콥 햄블린의 연구에 따르면 이러한 '특징'은 대부분 국가에서 유사한 양상을 띠었다).❻

한편 이러한 민수용 원자력의 개발이라는 외피를 두르고 핵무기 생산 또한 비밀리에 추진되었다. 그 결과 1979년부터 2000년까지 원자폭탄의 중핵부를 만들기 위해 화학교환법 및 레이저분리법을 사용한 우라늄 농축 시설의 존재가 2004년이 되어서야 한국의 시민 사회와 국제 사회에 알려지게 되었다(만일 1990년대 초반 북한이 남한의 우라늄 농축 시설에 관해 인지하고 있었다면, 이는 북한 핵무기 개발 계획의 동기를 설명해주는 하나의 중요한 요인일 것이다).❼ 이렇듯 대한민국에서도 비밀주의와 첨단 기술 추구의 결합이 낳은 여러 유산들은 냉전이 종식된 지 30년이 지난 지금까지도 그 전모가 거의 밝혀지지 않고 있다. 이는 체르노빌 폭발 사고와 같은 지구적 원자력 참사가 암시하듯, 재난의 이유를 사고하고 재발에 선제적으로 대처할 수 있는 시민들의 역량을 키우는 일에 결코 유리하게 작용한다고 할 수 없다.

원자력과 같은 고위험 기술이 낳은 재난의 역사는 '새로운 시작과 변화'를 상상하는 우리에게 어떠한 도움을 줄 수 있을까? 지구상에서 전력 생산을 위한 이른바 '평화적인 원자로'가 가동되는 한, 원자력 재난 재발 방지에 대한 고민은 계속되어야

6.
김성준, 《한국 원자력 기술 체제 형성과 변화, 1953~1980》, 서울대학교 대학원 박사학위논문, 2012년.

7.
Kang J., P. Hayes, B. Li, T. Suzuki, and R. Tanter, "South Korea's Nuclear Surprise", *Bulletin of the Atomic Scientists*, 61:1(Jan/Feb 2005), pp. 40~49.

하겠다. 물론 체르노빌·후쿠시마와 같은 재난은 결코 일어나서는 안 될 것이다. 그러한 미래를 위해 우리가 할 수 있는 것은 무엇일까? 변화가 필요하다면, 그 방향은 무엇이며 어떻게 나아갈 수 있을까? 필자는 이에 대해 명쾌한 해답을 제공할 수 있는 능력이 없다. 다만 위에서 보인 것처럼, 기술사의 방법론은 가장 '객관적'으로 보이는 과학기술조차 정치와의 깊은 관계 속에서 존재함을 우리에게 보여주며, 이를 비판적으로 사고해야 한다고 일러준다. 아쉽게도 과학기술사·환경사 연구가 본격적으로 실제 정책이나 시민운동에 보탬이 되고 더 나은 방향으로의 변화에 일조한다고 말하기는 무척 이르다. 하지만 이는 그러한 연구 자체가 무의미하다기보다는, 연구의 축적과 이에 대한 사회적 쓰임이 앞으로 강화되어야 하고 또 그렇게 하는 데 다양한 난관들이 도사리고 있음을 의미한다.

최근 체르노빌 폭발 사고에 대한 대중적 관심에 힘입어 이 사건이 소비에트의 해체에 미친 영향에 대해서도 논의가 이뤄지고 있다. 소비에트 사람들이 체제의 비밀주의를 비판할 수 있었던 가장 중요한 기회는 고르바초프의 개혁·개방 정책이 제공한 것이었고, 이는 "사람의 얼굴을 한 사회주의"를 지향하는 개혁 없이는 체제의 생존이 불가능하다는 지도부의 생각에서 비롯된 것이었다.[8] 자본주의보다 더 나은 삶을 사람들에게 제공하려고 했던 소비에트의 지향은 동력과 함께 플루토늄을 생산할 수 있는 특정한 원자로 설계의 선택으로 이어졌고,[9] 현재 러시아에는 9기의 RBMK가 여전히 가동 중이다.

8.
Stephen Kotkin, *Armageddon Averted: The Soviet Collapse, 1970—2000*, New York: Oxford University Press, 2001.

9.
Sonja Schmid, *Producing Power: The Pre-Chernobyl History of the Soviet Nuclear Industry*, Cambridge: The MIT Press, 2015.

Photo by Viktor Kharlashkin on Unsplash

건강에 대한 새로운 상상:
혼자의 건강에서 여럿의 건강으로

From one
to everyone

QUESTION 16   의학

홍종원
마을의사

건강기능식품의 진짜 효과

"선생님, 무릎에 이 제품이 좋다고 하는데 먹으면 도움이 될까요?"

방문 진료를 하며 많이 받는 질문 중 하나다. 의사라면 자주 접하는 말이겠지만 나는 그동안의 구매 역사와 생생한 구매 현장을 눈으로 직접 확인하기도 한다. 여러 종류의 건강기능식품이 집 곳곳에 쌓여 있다. 진료하는 도중에도 텔레비전에서 종종 제품 광고가 나온다. 구매는 전화로 손쉽게 이루어진다.

집에서 오랜 시간을 보내면서 아픈 몸을 감내하며 살아가는 분들에겐 효과가 좋다는 건강기능식품 광고는 매우 솔깃하다. 문제는 얼마 지나지 않아 새로운 제품이 등장한다는 사실이다. 익숙한 홍삼부터, 언제는 아로니아나 노니였다가, 다음엔 크릴 오일, 이어서 정체불명의 관절 보조제까지. 분명 얼마 전에 아로니아를 주문했는데 새로운 제품을 또 주문할 수밖에 없는 상황이 온다.

환자분에게 이런 질문을 받으면 보통 나는 건강기능식품은 말 그대로 식품이라 건강에 크게 해를 끼치지 않을 거라 생각하며 기분 좋게 드시라고 말씀드린다. 하지만 아픔이 얼마나 사라질지, 건강이 정말 좋아질지 의학적으로 답해본다면 다소 회의적이다. 큰 도움은 안 될 거라고 속으로 생각한다. 광고를 보고, 구매를 고민하고, 배송을 기다리고 실제로 복용하기까지 큰 기대와 만족감을 주는 것은 사실이다. 실제 치유의 효과도 어느 정도 있고 위약 효과도 있을 테다. 그래서 때론 고마운 마음마저 든다. 다만 내가 찾는 환자분들은 이런 제품을 지속적으로 구매할 만큼 경제적 여유가 넉넉하지 않음을 알기에 화가 나기도 한다. 여유가 있는 사람들은 부담스럽지 않을 수 있다. 그러나 하루 종일 아픔 속에 칩거하며 텔레비전을 매일 바라보는 가난한 사람들에게는 큰 부담이다. 건강기능식품이 절박한 사람들의 주머니를 털어간다는 생각도 든다.

무엇이 우리의 건강을 증진시키는 걸까. 건강기능식품의 반복적 구매 현장을 목도할 때마다 드는 생각이다. 건강기능식품은 누구나 일괄적으로 건강을 증진할 수 있다고 광고한다. 그러나 건강 상태에는 객관적 절대치가 없다. 우리는 온갖 장비를 무장한 채 정상적인 건강 상태라는 에베레스트를 오르는 산악인이 아니다. 처지에 따라, 몸의 상태에 따라 정상적인 건강 상태는 조금씩 다르다. 나이가 들면 자연스럽게 정상 건강 상태도 달라진다. 사는 환경이나 직업에 따라 다르고 지병, 유전, 손상 등 고유하게 가진 특성에 따라 다르다. 그렇기 때문에 누구에게나 효용 있다는 광고는 의심할 필요가 있다. 건강은 '건강해야 한다'는 당위로 이루어지는 것이 아니다. 개개인은 삶의 구체적 순간순간에 건강을 느끼고 체험할 뿐이다.

나는 건강기능식품에 관심이 없지만, "누가 이게 좋다고 해서"라고 말을 덧붙이는 이웃의 말은 귀담아 들으려 한다. 진심으로 이웃을 위해 추천했을 가능성이 있고, 그런 관계라면 한 번쯤 구매해 먹어볼 수도 있겠다고 생각한다. 가끔 내게 이런저런 제품을 먹어보면 어떻겠냐고 질문하시는 진섭(가명) 님 역시 꼭 '주위의 누군가가 좋다고 해서'라는 말을 덧붙인다. 젊은 시절 결핵성 척수염으로 한쪽 다리가 불편하고 양쪽 다리 통증이 심한 환자다. 물어보는 말에 뭔가 어정쩡한 답변을 드리면 '의사가 뭐 이래' 하고 나를 구박하곤 하시지만, 진섭 님 역시 내 방문이 아주 나쁘진 않으셨나 보다. 진섭 님의 소개로 지인 분을 방문 진료한 적이 있기 때문이다. 내 방문 진료에 좋은 구석이 있었으니 이웃에게 소개했을 것이다.

건강기능식품의 효과에 대해서는 지식이 적어 특별히 나눌 말이 없지만, 이를 매개로 해서 이루어지는 서로를 향한 조언이 진심임은 분명하다. 진심으로 걱정하고 권유하며 돌보는 마음에는 치료적 효과가 있다.

치료냐 돌봄이냐

"선생님이 왔다 가시고 불안이 사라졌어요. 그전엔 어떻게 해야 할지 진짜 몰랐거든요. 선생님께 계속 연락드려도 괜찮을까요?"

말기암으로 더 이상의 치료가 어렵다는 이야기를 듣고 자녀들은 어르신을 집으로 모셨다. 의식이 떨어지고 물조차도 섭취가 어려운 상황이었다. 뭘 먹을 수 있다면 약을 써볼 텐데 집이다 보니 최소한의 수액 처치만 할 수 있었다. 잠시 당황했지만 그동안의 이야기를 차근차근 듣고 언제든 또 올 테니 연락 달라고 했다. 응급실로 모셔야 할지 고민하던 보호자는, 웬일인지 다음 방문 때 차분했다. 나의 방문 이후 불안한 마음이 다소 안정되었다고 했다.

대학병원과 종합병원, 요양병원과 암전문병원 모든 곳에서 치료가 더 이상 어렵다는 이야기를 듣고 온 환자를 집에서 마주하며 다시 건강해지자는 목표를 세우기란 어렵다. 오히려 고령 노인 환자분을 만나면 그들이 원하는 건강이 다소 다른 의미임을 알게 될 때가 많다. 기침과 가래 줄이기, 열이 나지 않도록 하기, 설사 줄이기, 변비 완화하기. 삶의 기본 활동을 보다 수월하게 하는 일이다.

임종을 앞둔 환자 앞에서 건강을 이야기하는 것은 쉽지 않다. 당연히 의사는 환자의 상황을 개선하기 위해 노력해야 한다. 의사로서 나는 치료하는 사람이다. 다만

병원과 다른 집이란 환경에서 환자를 만나는 탓에 그저 생체 징후의 정상화만을 목표로 하지 않는다. 환자가 그동안 살아온 역사와 보호자들의 마음 또한 살피려 한다. 힘들진 않았는지, 치료가 불가능하다고 진단받은 상황을 어떻게 받아들이는지, 죽음을 떠올려보았는지, 죽음 이후 계획은 있는지. 죽음 이후의 계획은 당사자보다는 보호자에게 있기 마련이다. 장례라는 행정적 절차부터 인간관계 정리 등 모든 것이 필요할 수 있다. 그걸 남은 이들이 한다.

　　　　나는 치료를 하기도 하지만 돌보기도 한다. 환자를 돌보고 보호자들을 돌본다. 치료의 관점에서 건강을 바라보면 개인에게 집중하게 되는 반면, 돌봄의 눈으로 건강을 바라보면 곁에 있는 이들이 보인다. 건강이란 본디 그런 협동인지도 모른다.

탈상품화된 돌봄의 순환을 상상하며

건강기능식품 시장, 민간보험사, 다국적 제약사, 대형병원, 기술 자본 등 건강을 둘러싸고 시장화된 이해관계자들이 득실하다. 그들의 역할이 다 무의미하다고 생각하지는 않는다. 나름의 욕망에 따라 기술이 발전하고, 그 결실이 인류의 건강 증진에 도움이 되길 바란다. 하지만 나는 가끔 상상한다. 의료 없이 건강을 누릴 수 있는 세상은 불가능할까? 가치 있는 생명과 가치 없는 생명을 가르고 생명의 가치를 돈벌이로 치환하는 일부 의료가 사라진다면, 지금보다 건강한 세상이 가능해지지 않을까?

　　　　"청년 세대가 건강을 돌보려면 어떻게 하는 것이 좋을까요?"라는 어느 언론 인터뷰 질문에 다음처럼 답한 적이 있다. "주변 사람들과 좋은 관계를 쌓으라고 하고 싶어요. 지금의 건강 상태가 좋든 나쁘든 차근차근 좋은 친구들을 사귀고 그 관계를 잘 유지하면 언젠가 늙고 병들고 아플 때 곁에 있는 이들이 우리를 살아가도록 할 거예요."

어떤 운동을 어떻게 해야 하는지, 어떤 생활 습관을 가져야 하는지, 무엇을 먹어야 하는지에 대해서도 물론 나누어야 할 말이 많다. 다만 건강의 본질이 무엇인지를 물을 필요가 있다. 멋진 곳에 여행을 가서 맛있는 음식을 먹고, 좋은 풍경을 볼 때 혼자 있다면 자연스레 누군가 함께 보고 싶은 사람을 떠올리기 마련이다. 그런 마음 때문에 사진을 찍어서 SNS에 공유하기도 한다. 이기적인 사람이라도 그런 순간에는 '이 순간을 나만 간직해야지'라거나 '다른 사람은 절대 보여주지 말아야지'라고 생각하기보다는 소중한 사람을 떠올리기 마련이다. 나는 건강 또한 그런 관점에서 접근한다. 건강을 돌보는 일은 혼자만의 고독한 일이라고 생각하기 쉽다. 그런 오해 속에 건강기능식품 시장도 활발하다. 그러나 누구에게나 질병과 노화로 노쇠하여 밥숟가락조차 들지 못하는 순간이 온다. 화장실에 스스로 걸어갈 수 없게 될 수도 있다. 그런 경우엔 기저귀를 차야 하는데, 기저귀를 혼자서 교체하긴 어렵다. 장애인과 거동이 불편한 노인 분들을 자주 만나다 보면 인간이란 존재가 결코 혼자서 살아갈 수 없다는 생각을 하게 된다.

현대인을 위협하는 여러 만성질환, 노인성질환 등은 우리가 피하고 싶어도 피할 수 없는 운명임을 받아들여야 한다. 따라서 나중에 누가 나를 돌보아줄지 모두가 고민해봐야 된다. 제도적으로는 사회적 돌봄 체계를 잘 갖춰야 하는 까닭이 여기 있다. 우리 모두가 아프지 않도록 기를 쓰고 노력하는 일도 필요하겠지만, 아파도 사회적으로 돌봄받을 수 있는 체계를 갖춘다면 우리는 아파도 살아갈 수 있다. 예를 들어 갑작스러운

중병으로 사회 활동을 할 수 없게 되면 의료비 외에 간병비로 막대한 비용이 소요된다. 그런 부분을 민간 보험으로 각자도생에 맡길 것이 아니라 사회 연대로 해결할 수 있는 체계를 시급히 마련해야 한다. 현재의 노인장기요양보험제도는 매우 훌륭하게 아픈 노년을 돌보고 있지만, 고령화의 빠른 진행으로 벌써 재정의 고갈을 걱정해야 하는 상황이다. 고령화하는 우리 사회를 어떻게 돌볼지 국가 차원의 대책이 필요하다.

      아픈 가족을 돌보느라 사회 활동이 단절된 청년들도 요즘 눈에 띈다. 꿈을 이루어 성공하는 청년의 삶에만 주목할 것이 아니라 아픈 이를 돌보며 '돌보는 힘'을 기른 청년들에게도 주목할 필요가 있다. 그들의 경험은 고령화가 더욱 가속될 미래에 중요한 자산이 된다. 돌봄을 고민하는 일은 아픈 노인만이 아니라 청년세대에게도 필요한 일이다. 젊은 나는 금세 늙은 내가 된다. 탈상품화된 돌봄의 순환은 시급한 과제다.

서로를 돌보며 살아가기

돌보는 마음을 중심으로 사회 구조를 다시 설계한다면 의외로 살만한 세상을 앞당길 수 있을지 모른다. 각자도생에 지친 우리를 구원할지도 모를 일이다. 우리 미래 건강을 책임지는 것은 건강관리앱, 디지털치료제, 원격의료가 아니라 서로를 돌보는 마음과 그 마음을 구체적으로 돕는 사회 시스템이다.

      새로운 변화를 원한다면 이전의 나와 미래의 나를 견줄 것이 아니라 내 곁에 있는 이의 미래를 생각하고 실제로 도움이 되는 존재가 되어보자. 서로를 돌보는 일은 우리 모두가 덜 불안하고 안심하며 용기 있게 삶에 맞설 수 있는 토대가 된다.

"코로나 이후에 우리가 가야 할 길은 분명해졌다. 사랑하는 이들의 이야기를 듣기. 그것을 다른 이들에게 전하기. 우리가 함께 살아가는 존재임을 잊지 않기. 나에게는 무기가 별로 없다. MRI를 찍을 수도 CT 스캔도 할 수 없다. 그래도 나는 찾을 것이고 찾아갈 것이고 또 찾을 것이다. 정상이 되라고 건강해지라고 강요하지 않을 것이다. 그럼에도 건강을 이야기하며 함께 살아갈 방법을 찾아갈 것이다. 아마도 그런 관계로 말미암은 과정 혹은 여정이 미래의 신약일지도. 나는 신약을 개발 중이고 신기술을 연마 중이다. 나는 과거에서 온 것이 아니라 미래에서 왔다. 오늘도 나를 미래의 의사라 착각하며 누군가의 집에 들어갈 것이다."(홍종원, "나는 미래에서 온 의사다", 《혼자서는 무섭지만》, 168~169쪽)

코로나 시기가 길어지고 있다. 변이 바이러스가 퍼지며 종식에 대한 기대는 다소 줄어들고 공존의 모색이 심도 깊게 논의되고 있다. 백신을 둘러싼 치열한 암투가 여전하지만 바이러스를 박멸하려는 시도보다 바이러스와 함께 살아가는 모색이 더 절실하다.

코로나 이전이나 이후나 우리가 가야할 길은 다르지 않을 것이라 생각한다. 곁에 있는 이들과 함께 울고 웃고 때론 싸우며 서로를 사랑으로 보듬고 살아가기, 조화를 이루어 함께 살아가기를 꿈꿀 때 우리는 우리의 건강을 지킬 수 있다. 언제까지일지는 알 수 없지만 나도 방문 진료를 허락한 이들 곁에서 나름의 역할을 해나가고 싶다.

SECTION 4

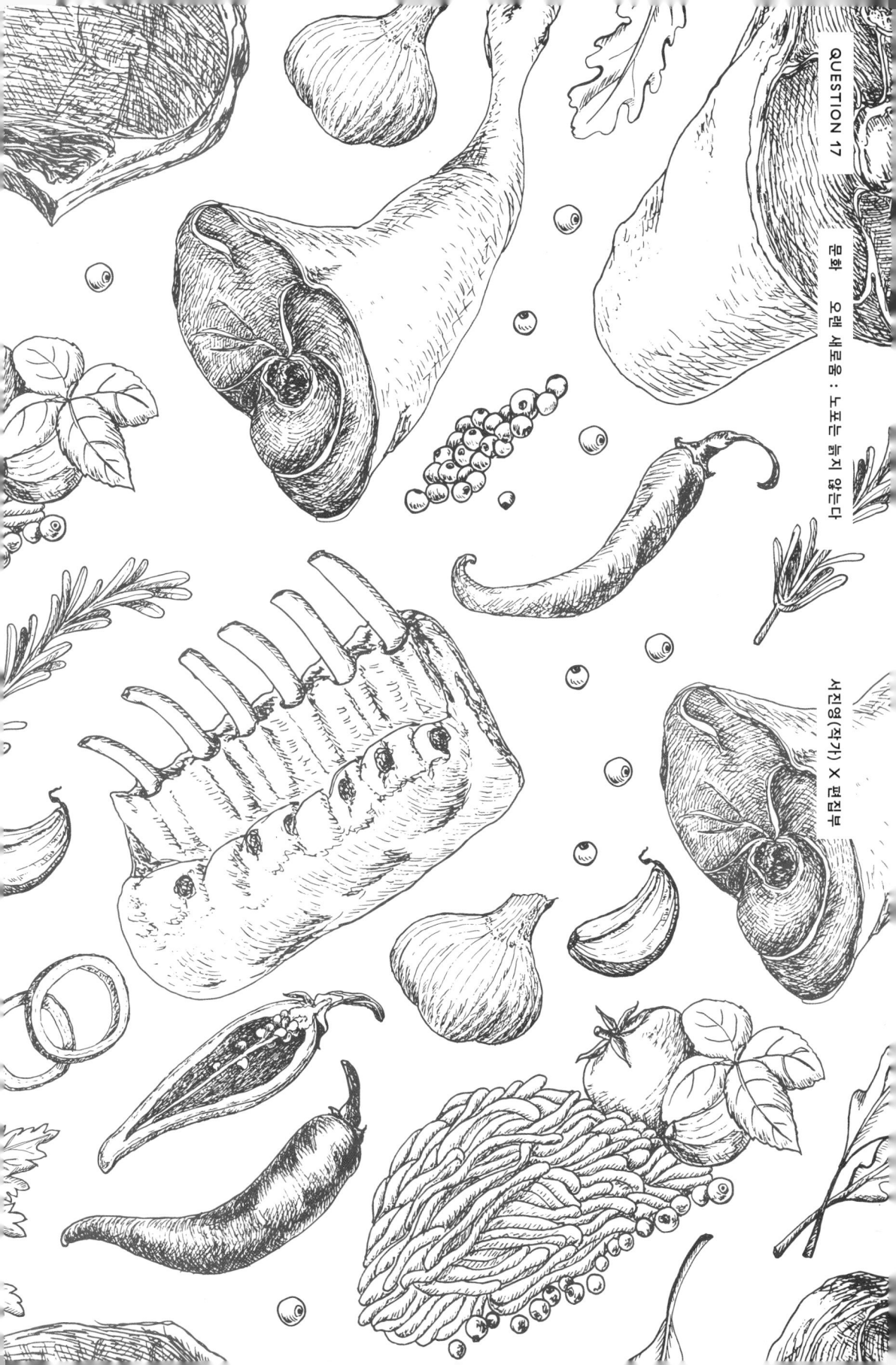

QUESTION 17

문화

오랜 새로움 : 노포는 녹지 않는다

서진영(작가) X 편집부

SECTION 5 / INNER SIDE
· 위기를 기회로 만들 수 있다면   칼럼   허휘수(N잡러)
· 상태가 형태   무용   김혜연(안무가)
· 자연은 말이 없다   미니병풍   이정화(서예가)

Illustration by JoAO

칼럼

Change is an opportunity

QUESTION 18

위기를 기회로 만들 수 있다면

허휘수(N잡러)

처음과 끝이 명확하지 않으면 그 중간은 계속 흔들리게 된다. 코로나바이러스의 확산이 시작되고 나서 우리는 모두 그 끝을 예상하고 기다렸다. 하지만 이제는 그 끝이 언제 올지 모른다고 생각한다.

      코로나바이러스가 중국에서 시작해 세계적으로 유행하고 있다는 유튜브 영상을 본 것이 생생하게 기억난다. 그때만 해도 믿지 않았다. 별일 있겠어, 하고 넘겼다. 이 세상엔 저것보다 더한 가짜 뉴스들이 판치니까 나 하나쯤은 무시해도 되는, 떠도는 괴담 정도로 여겼다. 거짓말 같은 이야기는 진실이었고 우리의 팬데믹 시대는 시작됐다. 모호한 시작과 불분명한 끝의 시대, 그 중간을 살아내고 있는 우리는 필연적으로 끊임없이 흔들리고 있다. 우리는 일상으로 돌아갈 수 있을까? 아니 돌아간다는 말이 애초에 성립하긴 하는 건가? 마스크는 삶의 일부가 되었고 열댓 명이 모여 술을 먹던 술자리는 아주 먼 옛날의 문화가 되었으니 말이다. '마스크를 벗고 다시 일상으로'라고 말하던 슬로건은 '위드 코로나(with corona)'로 바뀌고 있다. 코로나가 우리를 바꿔놓은 건 인정할 수밖에 없는 사실이고 다들 이에 맞춰 변하기로 한 것이다.

모두에게 똑같이 주어진 기회일지도 몰라

코로나 시대를 살아가며 배운 것 하나는, 똑같은 기회를 얻는 건 불가능에 가깝지만 다 같이 기회를 잃는 건 가능하다는 것이다. 자유롭게 외국에 나갈 기회, 신나는 파티에 갈 기회 등 당연히 가지고 있었던 걸 빼앗긴 기분을 모두가 느꼈다. 코로나는 세대와 인종, 빈부를 불문하고 공평하게 모두를 덮쳤다. 지금 우리가 겪고 있는 상황은 불공평한 사회에서 공평하게 기회를 잃는 진귀한 경험일지도 모른다. 역설적이게도 이 경험이 나에게는 새로운 터닝 포인트가 되었다. 잃는 게 있었지만 얻는 것도 있었으니 그건 바로 시간이다.

코로나 이전 서울 중심으로 활동하던 나의 어느 하루를 요약해보자면 용산구에서 미팅하고 영등포구에서 업무를 본 다음 성북구에서 댄스 레슨을 했다(집은 또 다른 동네다). 생활반경이 30킬로미터였다. 거리로 치자면 각각의 구는 약 10킬로미터씩 떨어져 있으며 이동 시간은 어림잡아 한 시간 정도였다. 비효율적이지만 각각의 일이 또 연관된 것은 아니라서 이동을 감수해야만 했다(나는 안무가이자 유튜버이자 자영업자이자 작가다). 몸이 지치는 건 둘째 치고 길에서 낭비하는 시간이 아깝게 느껴졌고 이동 시간을 활용하지 못하는 것이 늘 아쉬웠다. 이런 나의 아쉬움을 알았는지(?) 코로나는 나를 집 밖으로 나가지 못하게 했다. 지금은 반경 300미터 안에서 모든 일을 처리할 수 있다. 모든 미팅은 온라인으로, 업무는 재택근무로 바뀌었으며 댄스 레슨도 온라인 클래스가 늘어갔다. 그마저도 일이 많을 때의 이야기이지 오프라인을 기반으로 하던 사업들은 규모와 일거리가 크게 줄어들었다. 모자란 시간을 어떻게 더 쪼개 쓸지가 관건이었던, 좀 쉬어가라고 해도 쉬지 못하던 워커홀릭이 코로나라는 거대한 밀실에 갇힌 것이다.

강제로 얻은 여유는 나를 성장하게 했다. 또한 사색하게 했으며 현 상황을 둘러보는 통찰력을 기르게 했다. 비웃을지 모르겠지만 나는 코로나바이러스가 유행하기 이전보다 똑똑해졌다. 펜션 운영에 비유하자면 나는 지금 비수기에 있다. 펜션 내부 리모델링과 새로운 시스템 구축을 성수기에 하는 바보 같은 업주는 없다. 당연히 비수기를 기다렸다가 성수기를 맞을 걸 대비해 여러 준비를 할 것이다. 나는 비수기가 없는 펜션처럼 살아왔고 내부가 깨지고 망가져도 일단 손님을 받아야 하기에 겨우 수습만 해놓는 모양새로 살았다. 그러다 비수기가 생겼고 내부 수리에 들어갈 수 있었다. 아무도 날 찾지 않을 때가 바로 내가 성장할 기회라고 결론 내렸다. 시간이 필요한 일들을 하기 시작한 것이다. 특별한 건 아니다. 아침 명상이나 운동 같은 것들이다. 미루어왔던 외국어 공부도 한 자리를 차지한다. 비단 나에게만 온 비수기는 아니다. 전 세계인들이 공평하게 뺏긴 기회인 동시에 공평하게 얻은 시간이다. 여기서 펜션 운영과 다른 점은 기다린다고 해서 성수기가 올지는 알 수 없다는 점이다. 펜션은 여름이 되면 어련히 손님들이 찾아오겠지만 우리가 사는 현실은 그렇지 않다. 지금이 비수기라는 것을 인정하고 성수기로 만들어가야 하는 것이다. 아직 시작하지 않았다면 당장 자기 자신의 내부 공사와 시스템 정비를 시작해야 한다.

그래도 지구는 돈다

마치 내가 코로나를 하늘이 준 기회 정도로 여기는 것 같지만 처음부터 이렇게 생각한 건 아니다. 지금은 일종의 정신 승리를 하고 있지만, 개인적으로 가장 큰 고난은 수익이었다. 코로나가 밥벌이에 심각한 걸림돌이 되었기 때문이다. 새로 시작한 사업들과 원래 계속하고 있었던 일 양쪽 모두에 브레이크가 걸렸다. 자영업자이자 프리랜서인 탓에 이런 외부적 요인은 큰 타격이 되었다. 거리 두기가 격상되면서 벌이가 급격히 줄었고 다음 달에 내야 하는 카드값과 여러 비용을 지불하느라 적금을 깨야 했다. 돈이야 또 벌면 되지 하며 대수롭지 않게 넘기고 싶었으나 생애 처음 만기를 앞둔 적금을 깨는 건 아무래도 심리적 타격이 컸다. 일이 줄어들면서 시간도 많아졌다. 잠을 줄여가며 일을 할 때는 조금만 더, 하며 여유를 바랐는데 막상 시간이 많아지니 어떻게 사용해야 하는지 몰랐다. 이제까지 힘을 들여 이루어놓은 커리어들이 이 거대한 팬데믹의 쓰나미에 휩쓸려 사라지는 건 아닌지 불안했다. 세상이 이렇게 뒤집힐 줄 누가 알았겠는가. 내가 가장 당황했던 것도 이런 부분이다. '정말 아무도 모르는 거야? 세계 최강이라는 미국도 손쓸 수가 없는 거야? 아니 이제 우리 인간이 못 고치는 병은 없는 거 아니었어? 이 바이러스 하나를 못 잡는다고?'

매일 일어나고 있는 현실이지만 믿기가 힘들었다. 내가 할 수 있는 건 아무것도 없지만 하루하루가 의심스럽고 답답했다. 분명 무슨 음모가 있을 것이라는 헛된 확신을 하며 빨리 누군가가 "여러분, 지금 이건 다 거짓말입니다!"라고 말해주길 기다렸는지도 모른다.

영화라면 어서 빨리 엔딩크레딧이 올라가길 빌었다. 혼란했던 시기를 지나 받아들여야겠다고 다짐한 건 불과 몇 달 전이다. 특별한 일이 있었던 건 아니고 지쳐버린 것뿐이다. 방역 지침이 풀렸다 조였다 반복하는 과정에서 계속되는 희망 고문이 결국 포기하게 만든 것이다.

"그래, 이게 현실이지."

세상이 뒤집혔으니 당연히 가치도 변했다. 부가적인 것 혹은 선택 사항이었던 것들이 이제 디폴트가 되었다. 예로는 온라인 미팅과 강의, 재택근무를 대표적으로 들 수 있다. 미팅, 회의라고 하면 자고로 얼굴을 보고 해야 한다고 생각했는데 이제 대면 회의가 선택 사항이 되었다. 이 어려운 시국에 고작 업무 몇 개 논의하자고 만나자고 하는 건 업무상 예의가 아닌 것으로 느껴지기도 한다. 만나서 해야만 회의가 잘된다고 생각했는데 그렇지만은 않다. 인간적인 교류를 위해서는 대면이 훨씬 좋겠지만 일하는 사이에 굳이 그런 사사로운 감정이 필요 없다 느낀다면 온라인만으로도 충분하다. 또 재택근무는 많은 고용인과 피고용인들의 인식을 바꾸어놓았고 출근을 해야만 일을 할 수 있다는 오래된 고정관념을 깨부쉈다.

고용인이자 동시에 피고용인인 나도 출근에 대한 생각이 변했다. 근태기록을 하는 관리자도 없는데 공용 사무실에 출근하는 것에 집착했었다니. 왠지 사무실에 나가지 않으면 일을 하지 않는 것만 같은 불안감이 있었다. 많은 노동인구가 일하는 업무 시간(보통 오전 9시에서 오후 6시)에 집에 있으면 인생을 잘못 살고 있는 건 아닌가 하는 착각을 했다. 나는 공용 사무실이 있는 건물에 확진자가 계속 나오는 걸 보고 집에서 근무하기 시작했는데, 그 이후로 출근에 대한 집착은 서서히 사라졌다. 대신 집을 일하기 좋은 공간으로 만드는 것이 중요해졌다. 좋은 의자도 사고 조명도 샀다. 쉬는 곳과 일하는 곳을 분리했다. 일하는 시간에는 절대 침대 근처로 가지 않는 것, 쉴 때는 노트북을 꺼놓는 것 등이 이제 내가 업무를 대하는 자세다. 공간은 공유하지만 사적인 생활에는 침투하지 못하게 하는 것이다. 시간이 지나 재택근무가 완전히 자리 잡으면 앞으로 많은 집들의 거실은 사무 공간이 될지도 모른다. 넓은 의미에서의 공용 사무실이나 미팅 룸으로 사용할 수도 있을 것이다. 미래에 나의 집을 가지게 된다면 거실에는 큰 텔레비전을 두어야겠다고 생각했는데 이제는 거실을 업무 공간 혹은 공용 공간으로 만들고자 한다. 앞으로도 나는 회사에 들어갈 일은 없을 테니 거실은 곧 내 직장이 될 것이다.

온라인 강의는 대학뿐만 아니라 모든 교육기관에서 진행하고 있다. 대면 수업을 하는 것이 당연했던 교육계가 전면 온라인 강의를 할 수 있게 된 건 코로나의 공(?)이다. 나도 온라인 강의를 진행하는 강사다. 안무가로서 나의 안무를 알려주는 강의를 하며

INNER SIDE

이제까지는 오프라인 강의만 꾸준히 해왔다. 온라인 강의를 아예 안 해본 것은 아니지만 절대 그것이 주가 될 수는 없다고 생각했다. 체육시설의 집합금지 조치로 인해 얼마간 오프라인 수업을 할 수 없게 되고 이는 온라인 수업을 하는 직접적인 계기가 되었다. 온라인 수업은 오프라인 수업과는 확실히 다르지만, 그 장점이 뚜렷했다. 온라인 수업은 물리적인 제한을 뛰어넘을 수 있었다. 내 안무를 배우고 싶었던 인도네시아 학생이 나의 온라인 클래스를 듣기도 했다. 너무 만족스러웠고 다음에 또 이런 기회가 있다면 다시 들을 것이라는 그 학생의 SNS 메시지를 보고는 편협했던 생각이 바뀌었다. 이전까진 온라인 클래스를 오프라인 클래스의 대체재로만 생각했다. 하지만 그 둘은 근본적으로 달랐고 접근도 달리해야 한다는 걸 학생의 메시지 한 번에 깨달았다.

별 볼 일 없다고 여겼던 것의 가치가 상승하고 불필요하다고 생각한 것들이 일상에 필수 요소가 되고 있다. 코로나로 인해 많은 것들이 멈췄다고 생각했는데 사실 모든 것이 다 함께 변하고 있어서 인식하지 못한 것이었다. 우리가 느낄 수는 없지만 지구가 자전하고 있는 것처럼, 우리를 둘러싼 모든 것들은 변한다. 지구의 자전을 느끼라는 말이 아니다. 지구는 돈다는 걸 믿는 것처럼 변하고 있는 가치를 받아들여야 한다. 받아들이든 받아들이지 않든 변하고 있다.

'나는 그대로인데 세상은 변했구나' 하고 생각했다면 오산이다. 지구가 돌 때 당신을 두고 돌지 않는 것처럼. 세상이 변한 만큼 당신도 변했을 것이다.

변화를 수용했다면 이미 시작되었다.

Photo by kitera-dent on Unsplash

QUESTION 19 　　　　　　　　　무용

상태가 형태 　　　　　　　　　Shape of state

김혜연(안무가)

⟨상태가 형태⟩(2019, 안무 김혜연), 경기아트센터 경기도무용단 제공

살면서 우리는 다양한 상황에 놓이고, 그때마다 자신의 상태가 시시때때로 달라지는 경험을 하게 됩니다. 여기서 재미있는 사실은 상황도 상황이지만 자신의 마음 상태에 따라 눈에 비치는 것들이 달라진다는 점입니다. 마음먹기에 따라 같은 일상의 거리도, 집 안의 가구도, 똑같은 업무도 달리 느껴집니다.

먼저 다음 대본을 읽어보실까요?

> 그날도 아침 8시에 일어나기 힘든 몸 상태였다. 최근에 수면제를 먹지 않고선 잠을 청하기가 점점 더 어려워졌기 때문이다. 건조한 눈꺼풀을 껌뻑껌뻑. 5분만, 아니 10분만이라도 더 눈을 붙이고 싶었다. 아침엔 저녁보단 몸이 제법 가볍다. 붓기가 조금 더 빠진 기분이 들기 때문이다. 다크서클이 생길까봐 두렵긴 하지만 눈을 벅벅 비벼대며 화장실로 들어간다. 볼일을 보고 물을 내리고 양치를 하고 샤워 물을 틀어 놓고 샤워 볼로 몸을 대충 훑는다. 그렇게 대충의 비즈니스가 끝이 나면 감은 머리칼을 수건으로 감싸 밖으로 나온다. 선풍기 앞에 철퍼덕 앉아 머리카락을 배시시 말리기 시작한다. 나는 그 시간이 늘 지겹다. 하지만 바람이 두피에 닿을 때 그 개운한 기분만큼은 참 좋다. 물기가 남은 채 화장대로 간다. 단장하는 시간이 늘 귀찮아 대충 하기 일쑤지만 검은 눈썹과 립스틱은 제대로 칠해야 할 것만 같다. 프랑스제 향수를 무심히 두르고 현관 앞에 선다. 하얀 로퍼는 언제나 문 앞에서 나를 기다린다. 로퍼를 펴서 신고 문밖을 나선다. 순간, 선선한 바람이 내 몸을 맞는다. 집 안이 꽤나 더운 모양이다. 엘리베이터 쪽으로 터벅터벅 걸어간다. 오늘은 왠지 오른쪽, 화물칸용 엘리베이터 버튼을 누르고 싶다. 올라오는 숫자를 멍하니 쳐다본다. 땡. 문이 열린다. 탑승. 다시 9층부터 아래로 내려가는 숫자를 센다.

2019년 안무작 〈상태가 형태〉의 첫 장면입니다. 주인공이 아침 출근을 준비하는 장면으로, 현실 같지만 실제로는 꿈에서 출근 준비를 하고 있는 꿈속의 이야기입니다. 꿈속에서 주인공은 자신의 장래희망인 유명 강사가 되어 하루를 보내는데요, 멋지게 강연을 마치고 휴식하는 중 전화 한 통을 받습니다. 계속 울리는 전화 소리에 주인공이 꿈에서 깨어나고, 현실로 돌아와 '횟집 아르바이트생'으로서 진짜 하루를 보내는 모습으로 작품은 마무리가 됩니다.

너무도 일어나기 싫거나 힘들 때, 누구나 한 번쯤 꿈에서 등교나 출근 준비를 한 적이 있을 거예요. 이제 각자 주인공이 되었다고 상상하면서 위의 대본을 다시 함께 읽어보도록 할 텐데요, 다음 사항을 유념하며 읽어보도록 하겠습니다.

*
대본 속 텍스트에 등장하는 무언가(가구, 가전제품, 마음, 생각, 날씨, 감정, 사람 등)의 상태와 형태, 크기, 무게, 속도 등을 자유롭게 확대·축소해가며 자유롭게 상상하며 읽어보기

어떻게 읽으셨나요? 대본을 읽으며 시작된 '그날'의 날씨나 분위기는 어떠했나요? 그려지는 방은 어떤 구조였나요? 어떤 크기였나요? 모형처럼 작은 집이었나요, 지구보다 큰 집이었나요? 힘든 몸은 어떤 상태였나요? 누워 있었나요, 일어나는 중이었나요, 일어서 있었나요? 방을 나와 화장실로 향하는 몸의 방향은 왼쪽이었나요, 오른쪽이었나요? 눈을 벅벅 비비는 손은 양손이었나요, 한 손이었나요? 양치를 하는 손은 왼손이었나요, 오른손이었나요? 속도는 느렸나요, 빨랐나요? 빠르게 비비적거리다 순간 멈추었나요? 화장대 앞 거울에 비친 모습은 어떠했나요? 선선한 바람은 어느 쪽에서 불어왔나요? 바람의 세기는 어떠했나요? 엘리베이터의 숫자 모양은

<상태가 형태>(2019, 안무 김혜연), 경기아트센터 경기도무용단 제공

QUESTION 19 무용 상태가 형태

김혜연(안무가)

어떠했나요? 숫자는 무슨 색이었나요?

    동그라미, 세모, 네모 등 단순한 도형마저도 시시때때로 변하는 우리의 마음에 따라서 달리 느껴질 수 있습니다. 몹시 화가 난 날에 마주한 세모는 마치 뾰족한 화살촉처럼 날카롭고 사나워보일 수 있고, 매우 기분이 좋은 날에 마주한 세모는 생일파티용 고깔모자처럼 귀엽게 보일 수 있습니다. 위 대본도 마음먹기에 따라 우울하게 읽힐 수도 있고, 때로는 재기 발랄하게, 또 때로는 우아하게 읽힐 수도 있겠죠.

    익숙한 일상을 변화시키는 방법은 거창하거나 대단한 것이 아닐 수 있습니다. 아주 작고 사소하다고 생각할 수 있는 것. 그래서 생각해보지 못했을 그것. 바로 우리 몸을 구성하고 있는 신체의 아주 작은 움직임으로부터 변화는 시작될 수 있습니다. 눈의 시선, 손의 모양, 발걸음의 속도까지도 말이죠.

    오늘도 평범한 일상을 살아가야 할 특별한 여러분의 상태는 어떤 형태인가요?

INNER SIDE

〈산테기 힙테르〉(2019, 안무 김혜연), 경기아트센터 경기도무용단 제공

QUESTION 20

자연은 말이 없다
希言自然

미니병풍 자연은 말이 없다

이정화(서예가)

에필로그

orioll 시작과 끝을 설정하고 지내는 건 유용하다. 그런데 시작과 끝을 정확히 지정할 수 있을까. 생일도 있고 사망일도 있다. 하지만 정확히 언제부터를 태어난 시점으로 봐야 할까. 온 곳을 추적해 그 첫 시작점을 지정할 수 있을까. 심장이 멈추는 것을 토대로 끝을 대략(?) 정해 기록할 순 있겠지만, 그것을 죽음이라 명확히 말할 수 있을까. 그 변화해간 곳의 끝을 알아내고 지정해 말할 수 있을까. 열심히 따져 봐도 시작과 끝은 우리가 편의상 정한 것일 뿐. 시작도 끝도 그 실체가 없다. 순간순간이 있다 정도로 표현할 순 있겠지만, 그것도 종잡을 수 없다. 도대체 이 앞에 펼쳐진 건 무엇인가.

WHO? "그대, 패들링을 멈추지 말아요. 그리고 나아가요. 라인업이 곧 저기에 있어요." 이번 호의 첫 글, 안수향 작가가 알려준 서퍼들의 파도 타는 법이다. 《매거진 G》는 그렇게 네 번째 파도를 넘었다. 다음 파도는? 글쎄, 모르겠다. 물음표로 시작한 《매거진 G》는 다시 물음표를 던지며, 처음으로 돌아오는 끝이 되었다. 그러니 다시 시작할 수 있을 것이다. 그렇게 믿기로 하자.

Y 책 한 권 분량으로 묶어 펴낼 수 있을까 싶던 주제들 아래 여러 시선과 생각이 모이니 아주 색다른 잡지가 되었다. 볼거리와 읽을거리가 넘치는 세상에 종이 잡지라니, 이 디지털 시대에 '다시 시작할 수 있을까' 싶었지만, 어느새 네 권이 책장에 차곡차곡 쌓인 것을 본다. 뿌듯하다. 살다 보니 매번 다시 시작해야 할 선택의 순간에 선다. 망설일 필요는 없다. 다시 시작하면 뭐라도 되더라!

골드맨　2021년의 끝자락이다. 2020년 코로나가 시작되었고 우리의 일상은 급변했다. 그러나 인간은 역시 적응의 동물이다. 코로나 초기만 해도 음식점, 스포츠센터, 아웃렛 그리고 관광지까지 눈치를 보며 다녔고 사람들은 대부분 집과 직장만을 오갔다. 1년이 지난 지금 우리는 백신을 맞고 마스크를 쓰고 이전처럼 생활한다. 확진자 수가 눈에 띄게 줄진 않았지만 2022년에는 코로나와 함께하는 생활에 한층 더 익숙해지지 않을까. 우리는 또 새로운 것을 발견하고 다시 시작할 것이다. 한 해를 마무리하며 잡지를 펼치고, 덮었을 땐 한 해의 새로운 시작을 생각하면 좋겠다.

wood0101　'시작이 반'이라고 말하면 왠지 체념하면서 안도하게 된다. 출발점에서 이미 50퍼센트는 정해진다는 것, 혹은 그만큼은 담보할 수 있다는 말이니까. 그런데 '끝날 때까지 끝난 게 아니다'라고 말하면 누구도 확신할 수 없는 1퍼센트의 가능성이 남게 된다. 나는 대부분의 사람이 인생의 텅 빈 49퍼센트를 채우고 있다고 생각한다. 나름의 방식으로 말이다. 그래서 우리의 삶이 어디서, 어떻게 태어나든 인생의 절반 정도는 담보하고 시작할 수 있는 사회적·물질적 조건과, 99퍼센트의 절망 속에서도 기적을 꿈꿀 수 있는 일말의 가능성을 가질 수 있다면 좋겠다. 책 한 권의 인생도 비슷할 텐데, 이 잡지가 그만큼의 가능성을 부여받았는지, 혹은 그럴 만한 가치가 있었는지는 독자들이 판단할 문제다. 다시 시작할 수도 있겠지. 그동안 다들 49퍼센트의 인생을 잘 살도록 하자.

SB　한 해의 끝이 다가올수록 마음은 벌써 내년을 산다. 마지막 호를 마감하면서 다음 첫 호를 상상한다. 끝이 나고 시작되는 것이 아니다. 끝 속에서 우리는 늘 시작한다. '다시 시작할 수 있을까.' 이미 시작되었다.

컨트리뷰터		
	안수향	사진을 찍고 글을 쓴다. 2018년 아이슬란드 아티스트레지던시 활동을 계기로 물, 돌, 빛, 입자를 지향하며 이에 관한 작업을 이어 가고 있다. 물가에 서 있기보다 바다에 뛰어드는 (개인적으로 굉장히 중요한) 태도를 선택한 이후 사진과 글이 더 즐거워졌다. 사진과 글이 삶과 여전히 같기를 바라고 있다.
	휘리	그림작가. 살아 있는 것의 힘, 그 빛깔을 그림으로 표현하는 것에 관심이 많다. 이름 휘리는 '아름다울 휘(徽), 잉어 리(鯉)'로 어머니의 잉어 태몽에서 비롯됐다. 이름을 닮은 사람이 되고 싶다. 연못의 아름다운 잉어처럼 자신의 세계에서만큼은 자유로이 유영하는 존재가. 독립출판물 《천천히 부는 바람》, 《잠을 위한 여정》, 《연필로 그리는 초록》, 《저녁》을 비롯해 그림에세이 《위로의 정원, 숨》, 그림책 《허락 없는 외출》, 《곁에 있어》를 쓰고 그렸다.
	김연덕	시인. 시집으로 《재와 사랑의 미래》가 있으며 곧 다가올 성탄절을 내 생일처럼 기다리고 있다. 겨울과 산책과 꽃을 사람처럼 사랑하는 사람.

오지은　글을 쓰고 음악을 하는 사람. 지은 책으로
《익숙한 새벽 세시》,《이런 나라도 떠나고
싶다》등이 있다. 최근에는 어떻게 해야
내부의 에너지양을 늘릴 수 있을지에 대해
관심이 많다.

최석현　과학학 연구자. 연세대학교 철학과를 졸업하고
서울대학교 과학사 및 과학철학 협동과정에서
영국의 사이버네틱스 이론가이자 예술가,
발명가, 기업가인 고든 파스크(Gordon
Pask)의 작업에 나타난 감각의 모티프에
관한 연구로 석사 학위를 받았다. 지금은 같은
학교 같은 과정에서 인간, 동물, 컴퓨터의
시지각(visual perception)에 관한 연구들의
상호작용사를 다루는 박사학위 논문을
준비하고 있다.

김산하　야생영장류학자, 활동가, 저술가,
강연가. 인도네시아 자바섬
구눙할리문쌀락국립공원에서
자바긴팔원숭이를 연구한 국내 최초의
야생영장류학자다. 현재 생명다양성재단의
사무국장을 지내고 있다.

박정현　건축비평가. 서울시립대학교 건축학과에서 박사 학위를 받았다. 《건축은 무엇을 했는가: 발전국가 시기 한국 현대 건축》을 비롯해 《김정철과 정림건축》(편저), 《전환기의 한국 건축과 4.3그룹》(이하 공저), 《중산층 시대의 디자인 문화: 1989~1997》 등을 쓰고, 《포트폴리오와 다이어그램》, 《건축의 고전적 언어》 등을 번역했다. 2018년 베니스비엔날레 한국관 〈국가 아방가르드의 유령(Spectres of the State Avant-garde)〉, 〈아웃 오브 디 오디너리(Out of the Ordinary)〉(2015, 런던), 〈한국현대건축, 세계인의 눈 1989~2019(Contemporary Korean Architecture, Cosmo-politan Look 1989~2019)〉(2019, 부다페스트) 등의 전시에 큐레이터로 참여했다. 현재 도서출판 마티에서 편집장으로 일하며 건축비평가로 활동 중이다.

마민지　영화감독. 변칙적으로 확장하는 독립영화 제작사 쌍마픽처스를 운영하고 있다. 여성주의적 관점에서 문제를 바라보며 예술계의 현안을 해결하기 위한 공동사업을 기획한다. 도시를 기록하거나 오래된 자료를 발굴하여 새롭게 읽어내는 것에 관심을 가지고 있다. 주변을 기웃거리며 안전한 거리감을 가지고 매체 간 협업을 고민한다. 한 가족의 모습을 통해 1980년대 한국 도시개발사를 다루는 첫 장편 다큐멘터리 〈버블 패밀리〉(2017)는 한국-핀란드 국제공동제작으로 제작되었으며 EBS국제다큐영화제 대상작이다. 현재 성폭력 피해 생존자가 직접 만드는 통합예술프로그램 〈상-여자의 착지술〉에 기획자로 참여하며 다큐멘터리 〈착지연습〉을 연출하고 있다.

조효원　서양인문학자. 서강대학교 유럽문화학과 교수다. 성균관대학교, 서울대학교, 미국 존스홉킨스대학교, 독일 베를린 자유대학교에서 인문학을 공부했고, 미국 뉴욕대학교(NYU) 독문과에서 바이마르 정치신학에 대한 논문으로 박사학위를 받았다. 2008년 《세계일보》와 계간 《문학동네》를 통해 문학평론가로 등단했고 이후 《인문예술잡지F》의 편집위원을 역임했으며, 현재 계간 《문학과사회》의 편집동인으로 활동 중이다. 지은 책으로는 《다음 책: 읽을 수 없는 시간들 사이에서》, 《부서진 이름(들)》, 옮긴 책으로 《유아기와 역사》(조르조 아감벤), 《빌라도와 예수》(조르조 아감벤), 《바울의 정치신학》(야콥 타우베스), 《에코랄리아스》(대니얼 헬러-로즌), 《정치신학2》(칼 슈미트), 《정치적 낭만주의》(칼 슈미트)가 있다.

김승일　시인. 2009년 현대문학 신인추천으로 등단했다. 시집으로 《에듀케이션》, 《여기까지 인용하세요》가 있다.

백승주　언어학자. 제주에서 나고 자랐다. 10년 동안 외국인에게 한국어를 가르치는 일을 했다. 현재는 전남대학교 국어국문학과에서 한국어교육학과 사회언어학을 가르치고 공부하는 일을 한다. 언어와 사회가 서로 영향을 주고받으며 만들어내는 다양한 현상들에 관심을 가지고 있다. 타자의 시선으로 한국 사회와 한국의 언어들을 바라보려고 노력한다. 쓴 책으로는 《어느 언어학자의 문맹 체류기》가 있다.

박한선   신경인류학자. 서울대학교 인류학과에서 '진화와 인간 사회'에 대해 강의하고 '정신의 진화 과정'을 연구한다. 우리가 일상에서 겪는 마음의 문제가 어디서 어떻게 비롯하는지 해석하고 진단하는 글을 여러 매체에 활발히 발표하고 있다. 지은 책으로 《내가 우울한 건 다 오스트랄로피테쿠스 때문이야》, 《마음으로부터 일곱 발자국》, 《포스트 코로나 사회》(공저), 《감염병 인류》(공저) 등이 있고, 옮긴 책으로 《여성의 진화》, 《진화와 인간 행동》 등이 있다.

김대식   뇌과학자. KAIST 전기및전자공학부 교수다. 뇌과학의 최신 연구 성과와 동서양의 인문학 지식을 바탕으로 인류의 과거와 현재, 미래를 성찰해왔다. 인공지능이 야기할 인간의 자아 위기 등 곧 닥칠 미래의 화두를 앞장서 제시하고 있다. 《김대식의 키워드》, 《당신의 뇌, 미래의 뇌》, 《김대식의 인간 VS 기계》, 《김대식의 빅퀘스천》 등을 썼다.

김경일   인지심리학자. 아주대학교 심리학과 교수와 게임문화재단 이사장을 겸임하고 있다. 중앙심리부검센터장과 한국음악지각인지학회 회장을 역임했다. 고려대학교에서 학사와 석사 학위를, 미국 텍사스대학교에서 박사 학위를 받았다. 지은 책으로 《적정한 삶》, 《이끌지 말고 따르게 하라》, 《지혜의 심리학》 등이 있다.

우동현   과학기술사 연구자. 서울대학교 국사학과에서 학사·석사 학위를 받았고, 캘리포니아대학교 로스앤젤레스캠퍼스(University of California-Los Angeles)에서 박사 과정을 수료했다. 과학기술사, 환경사, 핵 역사 등을 주제로 북한사와 냉전사를 연구하고 있다. 옮긴 책으로는 《체르노빌 생존 지침서》와 《플루토피아》가 있고, 공역서로 국사편찬위원회 해외사료총서 36권 《해방 직후 한반도 북부 공업 상황에 대한 소련 민정청의 조사 보고》가 있다.

홍종원   마을의사. 남의 집 드나드는 의사, 찾아가는 의사. 의대를 졸업하고 병원이 아닌 삶의 자리인 지역사회에서 일해보려고 이것저것 하다가 지금은 방문 진료만 하는 작은 의원에서 일하고 있다. 아무도 하지 않는 일을 하다 보면 아무도 할 수 없는 일을 할 수 있지 않을까 낙관하며 세상에 순응하지 않으려 게으르게 살고 있다. 꿈도 계획도 없지만 아픈 이들 곁에서 함께 살고 싶다. 함께 쓴 책으로 《혼자서는 무섭지만》이 있다.

서진영   작가. 글을 쓰거나 다듬는 일을 한다. 줄곧 공공기관과 기업에서 진행하는 전통문화·문화유산 관련 프로젝트에 참여해 그 결과물을 글로 풀어냈다. 쓴 책으로는 오래된 가계의 주름진 역사를 기록한 《또 올게요, 오래가게》, 근대 문화유산을 따라가는 여정을 풀어낸 《하루에 백 년을 걷다》, 공예 무형문화재 12인의 장인 정신을 담은 《몰라봐주어 너무도 미안한 그 아름다움》, 전국의 전통시장을 여행지로 제시한 《한국의 시장》 등이 있다. 주변을 살피고 애정 어린 시선으로 기록하는 일이 세상살이 안목을 높인다고 믿는다.

허휘수　댄서, 유튜버, 자영업자, 사업가 등 N잡러.《당연한 것을 당연하지 않게》를 쓴 에세이 작가이기도 하다. 감동받은 만큼 감동을 줄 수 있다고 믿으며, 매일 감동을 받기 위해 노력하고 있다.

김혜연　안무가, 무용가. 경기도무용단 단원으로 있다. 예술커뮤니티 여니스트를 운영 중이다. '우리의 일상이 예술이다'라는 슬로건으로 대중의 일상을 행복하게 하기 위한 '움직임'을 연구하며 다방면으로 활동 중이다. 대표 안무작으로 〈몸으로 읽는 책〉, 〈혜석을 해석하다〉, 〈상태가 형태〉, 〈제삼자화상〉, 〈그림자식〉 등이 있으며, 독립출판 에세이집 《저나기》를 출간했다. 최근 현대자동차 보스턴다이나믹스 '스팟' 퍼포먼스를 안무하고 공연했다.

이정화　서예가. 지은 책으로 서예 에세이 《일희일비하는 그대에게》가 있다. 최근 '문질이 빈빈한 삶은 무엇일까'라는 질문에 관심이 많다.

Contributors
안수향, 휘리, 김연덕, 오지은, 최석현, 김산하,
박정현, 마민지, 조효원, 김승일, 백승주, 박한선,
김대식, 김경일, 우동현, 홍종원, 서진영, 허휘수,
김혜연, 이정화

Chief Creative Director
김대식

Editors
곽성우, 윤정기

Proofreading
이정란

Advisers
김윤경, 강영특, 김동현, 이경희, 정윤수

Graphic & Editorial Design
일상의실천

Marketing
윤준원, 고은미, 이헌영, 박인지

Media Promotion
최정은, 이한솔, 남궁다연

Production & Distribution
김주용, 박상현, 정충현

Publisher
고세규

ISSUE 4 MAGAZING

다시 시작할 수 있을까?

발행일	2021년 11월 30일
발행처	김영사
등록	1979년 5월 17일(제406-2003-036호)
주소	경기도 파주시 문발로 197(문발동) 우편번호 10881
전화	마케팅부 031)955-3100 편집부 031)955-3200
팩스	031)955-3111
홈페이지	gimmyoung.com
블로그	blog.naver.com/gybook
페이스북	facebook.com/gybooks
이메일	bestbook@gimmyoung.com

© 김영사, 2021

이 책은 저작권법에 의해 보호를 받는 저작물이므로
저자와 출판사의 허락 없이 내용의 일부를 인용하거나
발췌하는 것을 금합니다.

값은 뒤표지에 표시되어 있습니다.

ISBN   978-89-349-7490-1 04100
            978-89-349-8900-4 세트

좋은 독자가 좋은 책을 만듭니다.
김영사는 독자 여러분의 의견에 항상 귀 기울이고
있습니다.

요즘것들의
의식주호好락樂

Illustration by JoA☺

누구든, 언제든, 어디든
고르고, 떼고, 붙이세요

Trend
Stiker Pack

special edition

트렌드는 돌고 도는 것이라고들 합니다. 단순한 우연 속에서 만들어져 사라지기도 하고, 시대와 문화를 비추는 거울이 되기도 하죠. 그런데 막상 트렌드를 좇다 보면 어디서부터 시작되어 어디로 나아가는지 알 수 없게 되는 것 같아요. 트렌드는 그 자체로는 완전히 정의되지 않으면서, 그 흐름에 속한 사람들의 반응과 목소리를 통해 계속 전파되기를 원하는 것 아닐까요? 바이러스처럼요.

최근 우리는 새로운 방식의 소통을 시작하고 있습니다. 만남의 횟수는 줄었지만 '나를 대신하는 나'를 통해 다른 사람들과 접속되고 있죠. 먼저 메타버스의 대표 주자인 '제페토'를 꼽을 수 있겠네요. '매드몬스터'처럼 '킹받는' 부캐를 만들기도 하고요. 조금 더 열심인 사람이라면 '브이로그'로 내 일상을 소개하는 방법도 있어요. 인스타그램에서 요즘 '타투' 인증이 유행인 건 아시죠? 저도 해보고 싶네요. 하지만 무엇보다 대세 of 대세인 '이영지'를 빼놓을 수 없겠죠. 악마의 예능감과 자기표현으로 인기를 끌고 있는 이영지는 그 자체로 트렌드가 되었습니다. 또 하나, 'MBTI'가 다시 유행을 타면서 각 유형에 따른 책이나 상품 추천 등 다양한 콘텐츠가 만들어지고 있습니다.

건강한 삶도 하나의 트렌드입니다. 나만 건강하려는 게 아니라 지구별 모두가 함께 건강하자는 거죠. '비건' 트렌드는 계속될 거라고 생각해요. 아침식사로 비건 빵에 아몬드, 오트밀 우유를 마시고 '텀블러백'을 챙겨 출근하면서 '캐시워크' 앱을 켜는 삶, 이제는 국룰이라고 생각하는 사람 손! 물론 '소금빵, 크로플, 메로나떡' 같은 디저트에 중독돼서 후유증에 시달리는 경우도 많습니다.

요즘 〈스트릿 우먼 파이터〉와 〈골 때리는 그녀들〉을 모르는 분들 없겠죠? "멋있으면 다 언니"라며 과몰입하는 사람들이 점점 늘어나고 있어요. 전 세계적으로 딱지치기와 달고나 열풍을 몰고 온 〈오징어 게임〉은 콘텐츠의 힘이 얼마나 큰지 실감하게 해주었죠.

그런데 이 모든 트렌드를 한심한 듯, 무심한 듯 바라보는 한 사람이 있습니다. 이탈리아의 틱토커 카비 라메(Khaby Lame)입니다. 한국에선 일명 '한심좌'로 불리고 있죠. 한심좌에게 트렌드란 무엇일까요? 정확히 정의할 순 없지만, 한심좌는 '누구나 트렌드를 같은 방식으로 좇을 필요는 없다'는 메시지를 전하고 있는 것 같네요. 누구든, 언제든, 어디든 똑같이 적용되는 트렌드란 없을 테니까요.

요즘것들의 의식주호好락樂

❶ MBTI
❷ 크로플
❸ 소금빵
❹ 스우파

요즘것들의 의식주호好락樂

❺ 이영지
❻ 메로나떡
❼ 브이로그
❽ 캐시워크

요즘것들의 의식주호好락樂

❾

❿

⓫

⓬

❾ 바디프로필
❿ 아몬드, 오트밀우유
⓫ 텀블러백
⓬ 한심좌

요즘것들의 의식주호好락樂

⓭ 오징어게임
⓮ 제페토
⓯ 매드몬스터
⓰ 타투